Copertina di Dada Effe - Torino

Foto in copertina: © Vuk Vukmirovic/iStockphoto

Anteprima è un marchio di Lindau s.r.l.

Lindau s.r.l.
corso Re Umberto 37 - 10128 Torino

Prima edizione: ottobre 2010
ISBN 978-88-88857-37-4

Massimo Piovano

BASTA RODERSI IL FEGATO

Come vincere i contrasti sul lavoro con la Pentacomunicazione®

ANTEPRIMA

A Michela, Chiara e Cecilia... ogni giorno che passa sento sempre di più il vostro sostegno!

A tutti coloro che non hanno mai smesso di pensare e credere che «il cielo sia blu... nonostante tutto!».

Presentazioni al libro

Ogni uomo che incontro mi è superiore in qualcosa.
Ralph Waldo Emerson (1803-1882), filosofo e scrittore americano.

In questi anni trascorsi in giro per l'Italia ho conosciuto persone fantastiche che mi hanno dato molto di più di quello che io ho dato loro. È per me un grande privilegio farvi partecipi delle loro preziosissime parole, perché sono certo che vi saranno di stimolo per incominciare al meglio la lettura di questo manuale.

Ci sono persone che con poche parole sanno aiutarti a uscire da un problema o da una situazione di stallo relazionale; altre che con molte più parole costruiscono barriere, percorsi tortuosi o, ancora peggio, proiettili che ti colpiscono là dove sei più fragile e vulnerabile.

Massimo Piovano, amico e collaboratore di lunga data del mensile «Vita&Salute», appartiene alla prima categoria. Facilitatore della comunicazione, come un giardiniere delle parole, disbosca il territorio dalle sterpaglie linguistiche, da spine semantiche che rischiano di soffocare le relazioni interpersonali, inqui-

nate di «non detti» ed equivoci. Il suo retaggio cristiano, che fa della parola uno strumento di benessere, ha portato Massimo a tradurre nella sua vita professionale, e in questo libro, il principio dell'assertività sottinteso nella raccomandazione evangelica: «Ma il vostro parlare sia sì, sì; no, no».

La Pentacomunicazione®, *modello da lui creato, è, a mio avviso, tra gli strumenti più concreti ed efficaci per semplificare l'arte della convivenza tra colleghi di lavoro e non solo.*

Dott. Ennio Battista, direttore del mensile di divulgazione medico-scientifica «Vita&Salute» e presidente dell'Associazione di volontariato Lega Vita&Salute Onlus.

* * *

Ogni anno, immancabilmente, vengono pubblicati su quotidiani e riviste di management alcuni sondaggi relativi alla percezione dei dipendenti sulla qualità della vita in ufficio.

Il dato costante in tali ricerche è che la retribuzione non risulta mai al primo posto come fonte di principale motivazione dei dipendenti.

I due primi posti della classifica sono normalmente occupati dalla possibilità di una crescita professionale e da un ambiente di lavoro stimolante nel quale la Risorsa possa essere valorizzata al meglio.

Il libro Basta rodersi il fegato *ha quindi un ruolo molto importante perché consente attraverso la* Pentacomunicazione® *di apprendere tecniche semplici ma estremamente efficaci per farsi apprezzare dal capo, dai colleghi o dagli stessi clienti, evitando «il mal d'ufficio».*

Conosco e apprezzo Massimo da tanti anni e questo volume ne rispecchia appieno le sue principali doti: preparazione approfondita, approccio pragmatico e concreto nato da tanti anni di esperienza «sul campo».

Sono certo che questo libro vi aiuterà non solo sul lavoro, ma sarà anche un ottimo strumento per bilanciare al meglio la vostra vita professionale con quella personale… buona lettura!

Dott. Guido Granchi, Ceo della Granchi&Partners s.r.l. di Milano. È NLP Licensed Trainer e autore di diversi libri sui temi di sviluppo manageriale.

* * *

Ho avuto la fortuna di assistere agli incontri di Massimo Piovano e mi sembrava di sfogliare un suo libro…
Ho avuto il privilegio di leggere un suo libro e mi sembrava di avere di fronte a me Massimo che mi spiegava…
Sempre mi stupisce la sua capacità di coinvolgere totalmente il lettore e l'uditore i quali scoprono con quanta facilità apprendono i segreti della comunicazione quasi come se li avessero sempre saputi ma senza esserne consapevoli.

Marisa Mazzarello, docente d'informatica, opera da oltre trent'anni nel campo della formazione professionale.

* * *

*Sono un tecnico d'industria che da un anno ha accettato un nuovo incarico nell'area di gestione delle Risorse Umane, dove è ormai noto che è l'arte di saper comunicare che fa il Leader. In cuor mio ho sempre pensato che questa dote, in quanto «arte», fosse per sua natura innata, sino a quando ho capito che, come nell'*Arte della Guerra *di Sun Tsu, «chi si prepara avrà fortuna».*

Ebbene la mia preparazione nella comunicazione è frutto dell'incontro con Massimo Piovano e della scoperta della Pentacomunicazione®, *innovativa guida all'interpretazione del delicato mondo delle relazioni umane nel sempre più complesso ambiente lavorativo.*

È questo il modello che ho adottato quale sostegno efficace nel mio operare quotidiano, per creare attraverso correttezza e fiducia reciproca, un clima lavorativo migliore sulla strada della leadership.

Davide Mingozzi, Workshop Manager presso CURTI Costruzioni Meccaniche S.p.A.

* * *

Ho conosciuto Massimo Piovano attraverso i suoi libri e da allora il dialogo non si è interrotto.

Massimo coinvolge il lettore perché è un fine ascoltatore, che comprende e anticipa dubbi, perplessità, richieste e aspirazioni di chi desidera intraprendere con lui un percorso alla ricerca di una migliore comunicazione con gli altri, ma soprattutto con se stesso.

Le sue doti di acuto analista l'hanno portato a una felice sintesi: la Pentacomunicazione®.

La Pentacomunicazione® *è uno stile di pensiero, prima che di comunicazione, che consente a ognuno di verificare la qualità delle relazioni con i propri simili e di renderla più efficace.*

Massimo offre tante risposte alle nostre domande, è propositivo e ha la rara virtù di parlare al cuore oltre che alla mente.

La mia lunga esperienza nella pubblica amministrazione mi ha insegnato a investire molte risorse nella comunicazione nell'ambiente di lavoro.

L'esperienza e il tipo di approccio appreso da Massimo nelle relazioni interpersonali mi hanno convinto che esercitare con costanza la capacità di comprendere i punti di vista altrui ci consente di affrontare ogni situazione con la consapevolezza di riuscire a individuare la soluzione migliore.

Dott.ssa Maria Gloria Nucci, Ufficio di Presidenza dei Corsi di Laurea in Scienze della Comunicazione presso l'Università degli Studi di Perugia.

* * *

Massimo Piovano non è solo un brillante e raffinato studioso della comunicazione; Massimo è soprattutto innamorato di quest'argomento. È molto professionale, metodico, preciso, chiaro, puntuale e dotato di una grande carica umana. Facendo i corsi con lui, non solo mi sono chiarito quello che avevo letto sulla PNL, ma addentrandomi nella Pentacomunicazione® *ho avuto un'illuminazione sul comportamento umano (mio e degli altri) e ho visto con occhi diversi quello che mi è accaduto in passato e quello che mi sta accadendo oggi. Questo innovativo metodo mi ha insegnato non solo a «rodermi meno il fegato», ma cosa ancora più importante mi ha aiutato a «vedere il cielo blu... nonostante tutto!».*

Marco Ottino, Maestro 6° Dan e insegnante di karate da trent'anni. Ha conseguito anche un Master breve in *Pentacomunicazione®*.

* * *

Conosco e stimo Massimo Piovano da molti anni e voglio dedicargli per questo suo libro una frase di Sten Nadolny tratto dal suo libro Selim, ovvero il dono della parola*: «Vogliono imparare a parlare, senza cambiare la loro vita, e quelli che vogliono cambiare se stessi, non pensano mai di cominciare proprio dal linguaggio».*

Prof. Claudio Palumbo, docente di Psicologia della Formazione, del Lavoro e dell'Organizzazione presso l'Università di Parma; docente di Psicologia Sociale presso l'Università di Cuneo.

* * *

Il lavoro occupa la maggior parte del nostro tempo e il posto di lavoro è il luogo dove abbiamo la possibilità di esprimerci e confrontarci con noi stessi e gli altri. Il nostro comportamento può favorire la serenità o l'ansia, può avvicinare e creare situazioni di amicizia o di conflitto con i colleghi, in ogni modo è una parte importante della nostra vita e dovremmo porci come obiettivo di vivere il tempo, il luogo e i colleghi di lavoro nel migliore dei modi. Ognuno di noi è cliente e fornitore dei propri colleghi e superiori.

Questo libro scritto con il cuore vi accompagnerà in un percorso affascinante che vi porterà alla scoperta delle varie tecniche per vivere serenamente la vita lavorativa. Ho personalmente sperimentato il modello della Pentacomunicazione® *molti anni fa e posso dirvi che con me ha funzionato!*

Daniele Pirazzini, dopo aver ricoperto per vent'anni ruoli di responsabilità presso la CURTI Costruzioni Meccaniche S.p.A., si sta attualmente occupando di formazione come consulente esterno.

* * *

Conosco Massimo e quanto sia attento a studiare nel profondo i meccanismi magici che guidano l'animo umano.

Ha già dimostrato in cosa crede con le sue altre pubblicazioni di successo e, se le avete lette, vi sarete senz'altro soffermati sulla praticità delle indicazioni suggerite; in particolare la Pentacomunicazione® *come modello è in grado di correlare elegantemente cinque dimensioni dell'essere e, perché no, del fare, le quali, intrecciandosi in vario modo, consentono a ognuno di noi di esprimersi con il mondo esterno.*

Pertanto approfondire, o scoprire, come «non rodersi il fegato» in ufficio attraverso i retroscena della nostra mente è certamente una cosa opportuna da fare e affascinante al tempo stesso, da provare.

«Smettere di rodersi il fegato» significa, soprattutto, vivere meglio: che dite, vale la pena farsi guidare da Massimo? Sono certo di sì!

Buona lettura e... buon viaggio.

Dott. Fabrizio Pirovano, CEO Studio Pirovano Consulting s.r.l. di Milano. È NLP Licensed Trainer e autore di diversi libri sui temi di sviluppo manageriale.

* * *

È per me un grande privilegio poter scrivere alcune righe al dottor Massimo Piovano per questo suo nuovo libro. Conosco Massimo da alcuni anni ed è nata tra noi, oltre che una profonda amicizia, una proficua collaborazione professionale. La mia è un'azienda commerciale che collabora con importanti gruppi quali la Fastweb S.p.A. e l'Iride Mercato S.p.A. e con Massimo abbiamo e stiamo sviluppando ambiziosi progetti di crescita. In questi mesi Massimo è riuscito con il suo lavoro a farci diventare una «squadra vincente». Grazie all'utilizzo della Pentacomunicazione® *il turnover nella mia azienda è pari a 0 e sono davvero contento dei risultati fin qui conseguiti.*

Non mi resta che augurare, a tutti voi, una buona lettura e sono certo che saprete trarre ottimi spunti per «non rodervi più il fegato!».

Stefano Andrea Ronco, amministratore delegato ANSTEL s.r.l. di Ivrea (Torino).

* * *

Lavoro di squadra, capacità organizzative, motivazione, comunicazione, atteggiamento mentale positivo e vincente... sono questi gli elementi fondamentali che la mia azienda ha acquisito dal dottor Massimo Piovano attraverso il suo esclusivo modello denominato la Pentacomunicazione®. *Elementi assorbiti completamente dalla nostra struttura e che ci hanno permesso, in breve tempo, di diventare un team unito, importante e solido. Un caloroso ringraziamento al nostro amico Massimo Piovano per la sua professionalità, la sua competenza e il suo carisma personale.*

Pier Spandre, amministratore delegato dell'AGENZIA COMMERCIALE SER di Torino.

* * *

Qualche tempo fa abbiamo avuto il privilegio di avere ospite il dottor Massimo Piovano, che con il suo «carisma» ha entusiasmato tutti i soci del Club del Lions di Portomaggiore S. Giorgio di Ferrara.

I Lions è un'associazione nata 93 anni fa e la comunicazione è sempre stata una leva fondamentale per aprirsi alla società civile. Per fare questo ci siamo avvicinati alla Pentacomunicazione® *ideata da Massimo Piovano, che ci ha permesso di migliorare i rapporti all'interno del Club. Attraverso i consigli di Massimo, abbiamo acquisito una maggiore consapevolezza per confrontarci e lavorare con il motto che ci ha sempre contraddistinto:* «**We serve**» *(noi serviamo)!*

Alberto Vacchi, presidente Lions Club Portomaggiore S. Giorgio Ferrara.

Introduzione

Non ne posso proprio più! Sono una precaria che guadagna 900 euro al mese, il lavoro che svolgo non mi piace, il mio capo è un villano e i miei colleghi delle serpi. Ma se mi licenzio, cosa faccio? Come vivo?

Sono davvero contento che almeno tu abbia deciso di smetterla di «roderti il fegato!». Anche perché secondo una recente indagine condotta dall'Ispesl (Istituto Superiore per la Prevenzione e la Sicurezza del Lavoro) il 43% dei lavoratori italiani soffre di «mal d'ufficio». I sintomi più diffusi di questo disagio sono: dolori alla testa, alla gola, bruciore agli occhi, eruzioni cutanee, ulcere, vertigini, nausea, mal di schiena ecc. Sempre secondo questo rapporto, oltre cinque milioni di lavoratori considerano il proprio posto di lavoro come un rischio per il proprio benessere psicologico. Sembra proprio, stando a queste stime, che lavorare «faccia male». Ma qual è la causa di tanta sofferenza? Le ricerche hanno ormai confermato che la principale causa di cotanto malessere sia dovuta, principalmente, alle cattive relazioni interpersonali che si sono instaurate all'interno dell'ambiente di lavoro.

Quali possono essere, quindi, i rimedi per far fronte a questa pericolosa «epidemia»? I rimedi derivano dal più innovativo ed efficace modello di comunicazione: la *Pentacomunicazione*®. Attraverso questo modello, potrai adottare delle strategie per farti benvolere. È, infatti, tua responsabilità adottare delle strategie e sviluppare delle abilità relazionali che ti permettano di convivere al meglio all'interno del tuo ambiente lavorativo.

Tuttavia, per quanti sforzi tu possa fare per essere gradito, non riuscirai mai a essere apprezzato da tutti. Ci saranno sempre persone che non ti apprezzeranno, ti criticheranno (anche se sei nel giusto) e che saranno invidiose del tuo operato. Per questo motivo, la *Pentacomunicazione*® ti offrirà anche delle strategie per «resistere agli ostili». Questi individui sono coloro che tirano fuori il tuo lato peggiore, ti creano frustrazione, ti fanno stare male, non ti fanno progredire nella tua carriera e nelle peggiori delle ipotesi possono causarti il «mal d'ufficio».

Quello che faremo assieme sarà un percorso che ti condurrà, in breve tempo, ad acquisire delle tecniche veramente potenti per continuare a «rendere al massimo sempre, ovunque e nonostante tutto!».

Ti consiglio, però, prima di incominciare la lettura di questo libro, di munirti di una matita perché ci saranno molti esercizi ai quali dovrai sottoporti. Anche se ti verrà voglia di proseguire con la lettura, non farlo, a meno che tu non abbia deciso di leggere questo libro per distrarti. Se, al contrario, lo studio che stai conducendo è serio, rispondi ed esegui ogni esercizio che ti propongo e vedrai che questo metodo, oltre che a divertire, ti farà ottenere enormi risultati.

Un altro suggerimento, che mi permetto di darti, è quello di chiederti come potresti mettere in pratica quello che stai leggendo. Ogni situazione è diversa e va contestualizzata; per questo motivo i suggerimenti che ti propongo non sono regole ferree, ma principi di «buon senso» che vanno adattati in base alla propria personalità e al proprio ambiente lavorativo.

Infine, tieni a mente che l'apprendimento è un processo attivo. Solo facendo s'impara. Quindi, se desideri perfezionare i principi spiegati in questo libro, applicali ogni volta che puoi. Infatti è incredibile la rapidità con la quale riusciamo a dimenticare. Per questo motivo, se vuoi trarre il massimo da questa lettura, dovrai leggerlo e rileggerlo. Solo le conoscenze delle quali si fa uso costante si fissano del nostro cervello.

Ora, però, bando alle ciance perché è giunto il momento di incominciare e per farlo iniziamo con un misterioso test che ti invito subito a svolgere.

Il misterioso test della «Q»

Prima di incominciare la lettura di questo libro, ti prego di dedicare qualche minuto al seguente esercizio.

Usando l'indice della tua mano dominante, traccia una «Q» maiuscola sulla fronte.

Quando avrai svolto questo esercizio potrai girare la pagina: scoprirai che c'erano due modi per eseguirlo.

Ho fatto fare questo esercizio in numerose aule di formazione e la maggioranza delle persone disegna la «Q» con la coda verso il proprio occhio destro, come riportato qui sotto. In questo caso, **tu riesci a leggerla, ma chi ti sta di fronte no**.

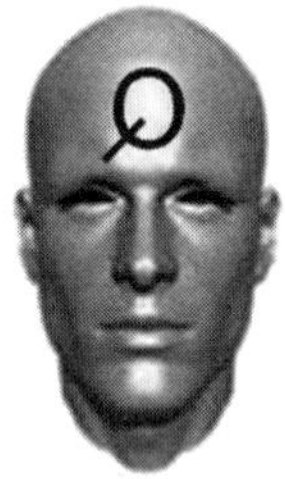

Oppure, potresti averla disegnata con la coda verso il tuo occhio sinistro. In questo caso, **chi ti sta di fronte riesce a leggerla, ma tu no**.

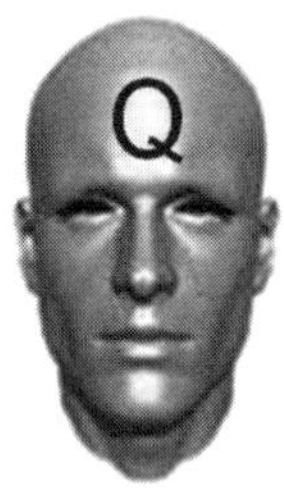

Come scopriremo più avanti, il modo in cui hai svolto l'esercizio rileva molte cose sul tuo modo di interagire con gli altri.

BASTA RODERSI IL FEGATO

1

La sindrome del «mal d'ufficio»

Il lavoro non mi piace, non piace a nessuno; ma a me piace quello che c'è nel lavoro: la possibilità di trovare se stessi.
Joseph Conrad (1857-1924), scrittore polacco naturalizzato britannico.

Le tre regole del lavoro:
1) Esci dalla confusione, trova la semplicità.
2) Dalla discordia, trova l'armonia.
3) Nel pieno delle difficoltà risiede l'occasione più favorevole.
Albert Einstein (1879-1955), fisico, libero pensatore e attivista politico. Nel 1921 ha ricevuto il premio Nobel per la fisica.

Se ti chiedessi: «Che cosa è davvero importante per te nell'ambito lavorativo?». Che cosa risponderesti? Prenditi il tempo che ti occorre e vedrai che sarà tempo investito bene.

Per me nel lavoro è soprattutto importante...

Sono davvero curioso di sapere che cosa hai scritto. Hai indicato un solo aspetto o più aspetti? Appartengono a oggetti concreti (come ad esempio il denaro, la carriera) o a cose astratte (come ad esempio la motivazione, la passione)? Per scoprire il significato delle tue priorità dovrai, innanzitutto, fare un viaggio alla scoperta dei tuoi valori.

Alla scoperta dei valori[1]

I valori guidano tutte le nostre scelte e, quindi, il nostro futuro. Chi conosce i propri valori e vive in base a essi ha più probabilità di vivere felicemente e raggiungere il successo. E questo accade perché si sa esattamente ciò che più conta nella propria vita, quello per cui si è disposti a lottare. Se, al contrario, non sappiamo che cosa vogliamo sarà molto più difficile vivere una vita degna di essere vissuta.

Se ti è capitato di essere poco motivato e di avere qualche difficoltà nel prendere una decisione su qualcosa, la ragione è che non avevi le idee abbastanza chiare in proposito. Quando saprai che cosa conta di più per te, sarai anche più motivato ad affrontare le sfide della vita lavorativa e non solo.

Devi renderti conto che i valori sono come una sorta di bussola personale, sono loro a determinare il tuo cammino, portandoti a prendere certe decisioni piuttosto che altre. Ma che cosa sono, in definitiva, i valori? **Sono le nostre convinzioni personali, private, individuali; relative a ciò che per noi è più importante**. Sono una sorta di «vangelo personale» che ci permette di valutare fatti e azioni, esprimendo, poi, il relativo giudizio: giusto o ingiusto, positivo o negativo.

Questi valori possono essere un **fine** o un **mezzo**. Ad esempio, alla domanda «che cosa è davvero importante per te nell'ambito lavorativo?» – che ti ho posto precedentemente – avresti potuto rispondere: «Il denaro, la carriera, l'entusiasmo ecc.». Di questi tre l'entusiasmo è il fine che stai perseguendo, lo stato emozionale che desideri. Al contrario, la carriera e il denaro, più che valori, sono dei mezzi; sono cioè, semplicemente, degli strumenti per arrivare allo stato emozionale che desideri realmente. Molte persone non hanno ben chiara questa distinzione tra valori come mezzi e valori come fine e perciò faticano a raggiungere i propri obiettivi. La maggior parte è impegnata a perseguire i valori-mezzo; mentre sono i valori-fine quelli che appagano, che rendono la vita ricca e gratificante. I valori fine sono espressi per mezzo di **nominalizzazioni**. Per capire se vi è un processo di nominalizzazione è sufficiente verificare se le parole che vengono identificate come nomi possono essere toccate, spostate, messe in un immaginario «carretto» come oggetti concreti. Per esempio, possiamo spostare una seggiola, un tavolo, un bambino; mentre non possiamo farlo con parole come decisione, amore, gratitudine, determinazione, successo, rispetto.

A questo punto vai a rileggere ciò che hai scritto nello spazio a p. 24 e, sulla base della distinzione che abbiamo visto, verifica che i tuoi valori siano valori-fine piuttosto che valori-mezzo. Qualora, la tua lista sia rappresentata da più valori, dovrai enumerarli in ordine d'importanza fino ad arrivare a una gerarchia.

Dalla mia personale esperienza svoltasi in numerosi anni di formazione in contesti sia privati che pubblici, le persone hanno espresso, nell'ambito lavorativo, i seguenti valori-fine: passione, rispetto, crescita, miglioramento, solidarietà, libertà, creatività, soddisfazione, indipendenza, sicurezza, realizzazione, armonia.

In particolare, il 95% delle persone da me intervistate[2] ha indicato tra le prime risposte «l'ambiente di lavoro». Dove per ambiente di lavoro, intendiamo il rapporto interpersonale che s'instaura tra colleghi e superiori basato sul rispetto reciproco e sull'armonia.

E tu che cosa hai risposto? Ti ritrovi in queste distinzioni? O sei in disaccordo?

Ora, indipendentemente da ciò che hai scritto rispondi al seguente test.

Test: «Sei contento del tuo ambiente di lavoro?»

Istruzioni. Rispondi in modo ponderato a ciascuna affermazione, tenendo conto che le valutazioni sono:

[0] = Per niente
[1] = Poco
[2] = Abbastanza
[3] = Molto

In ambito lavorativo...	Punteggio
1) Quanto sei soddisfatto dei rapporti interpersonali con i tuoi superiori?	[0] [1] [2] [3]
2) Quanto sei soddisfatto dei rapporti interpersonali con i tuoi colleghi di lavoro?	[0] [1] [2] [3]
3) Quanto il lavoro che svolgi ti fa sentire soddisfatto?	[0] [1] [2] [3]
4) Quanto il tuo lavoro è riconosciuto e apprezzato?	[0] [1] [2] [3]
5) Con quanta facilità ti svegli al mattino per recarti al lavoro?	[0] [1] [2] [3]
6) Quanto ti senti coinvolto nell'assegnazione dei tuoi obiettivi aziendali?	[0] [1] [2] [3]
7) Quanta fiducia c'è all'interno della tua organizzazione?	[0] [1] [2] [3]
8) Quanta armonia c'è nel tuo ambiente di lavoro?	[0] [1] [2] [3]
9) Quanto sei soddisfatto del tuo stipendio?	[0] [1] [2] [3]
10) Quanta autonomia hai nel tuo lavoro?	[0] [1] [2] [3]

Risultati. Somma i punteggi che hai ottenuto e confronta il tuo risultato con lo schema riportato di seguito.

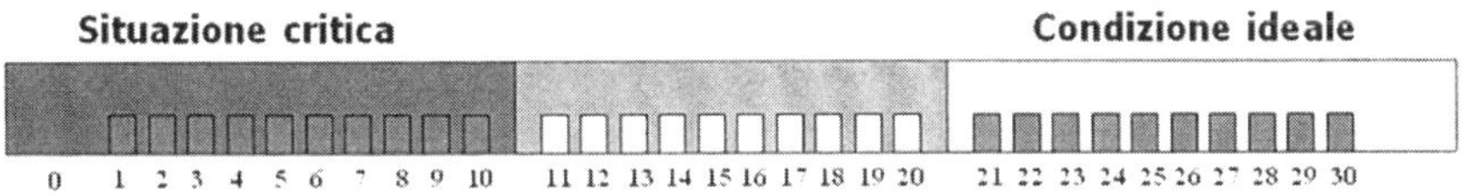

Il «mal d'ufficio»

Se soffri anche tu di «mal d'ufficio» (o più in generale della sofferenza lavorativa) sei in buona compagnia. Infatti, secondo una recente indagine condotta nei primi mesi del 2010 dall'Ispesl (Istituto Superiore per la Prevenzione e la Sicurezza del Lavoro), il 43% dei lavoratori italiani soffre di «mal d'ufficio». Questo rapporto ha rilevato che circa nove milioni di italiani ritengono il lavoro un fattore di rischio per la propria salute fisica e quasi cinque milioni di lavoratori considerano il lavoro un rischio per il proprio benessere psicologico.

I sintomi più diffusi di questo disagio sono: dolori alla testa, alla gola, bruciore agli occhi, eruzioni cutanee, ulcere, vertigini, nausea, mal di schiena, difficoltà di concentrazione e un senso di affaticamento generale; sintomi, però, che si attenuano, notevolmente, appena gli intervistati si allontanano dal loro ambiente di lavoro. Le donne (54%), secondo quest'indagine, sembrano essere molto più esposte degli uomini (41%); mentre per quanto riguarda la fascia di età più colpita è quella compresa fra i 35 e i 44 anni.

Inizialmente, i ricercatori pensarono che la causa di questi disturbi fosse da individuare nelle condizioni insalubri del luogo di lavoro; ad esempio nella ventilazione insufficiente o nella cattiva manutenzione dei filtri dell'aria condizionata, dalla scarsa illuminazione, dai materiali tossici degli arredi, dalla luce al neon, dall'inquinamento acustico degli open space, dalle esalazioni dei detergenti o da altri prodotti chimici di pulizia. Ma poi, in seguito a un attento studio, si scoprì che le vere ragioni erano da ricercare altrove[3]. Ovvero **la causa principale del «mal d'ufficio» era di tipo psicologico-relazionale**. In pratica, la conclusione a cui giunsero questi studiosi è che le cause scatenanti di tanto malessere sono da imputare all'ambiente umano, all'antagonismo dei colleghi, alle angherie dei superiori, alle pressioni di capi troppo esigenti e per nulla gratificanti. In pratica, **le relazioni interpersonali possono essere più «inquinanti» delle polveri e degli acari che si annidano nella moquette**.

Lavoratori disperati

Altro che le casalinghe[4], i veri disperati sembrano essere i lavoratori. Secondo la ricerca Baromètre Accor Service – il primo studio sul benessere dei dipendenti sul luogo di lavoro, condotto su oltre 10.000 lavoratori dipendenti di otto paesi europei (Italia, Spagna, Francia, Belgio, Gran Bretagna, Svezia, Germania e Ungheria) – sono proprio i dipendenti italiani a denunciare il minor grado di soddisfazione[5].

Analizzando i motivi della frustrazione dei lavoratori italiani, si scopre che il 78% denuncia la pochissima formazione che riceve all'interno della propria azienda; il 74% si lamenta delle scarse prospettive di carriera; mentre il 55% soffre per le cattive relazioni interpersonali fra superiori o colleghi. Solo il 17% del campione pensa di poter progredire con un percorso di sviluppo professionale e solamente il 18% si sente ricompensato in base a regole del gioco chiare e rispettate da tutti.

Il risultato? Sei italiani su dieci sono totalmente insoddisfatti o comunque poco soddisfatti delle condizioni lavorative. A causa di questa insoddisfazione il 58% dei lavoratori italiani intervistati, desidera cambiare il proprio posto di lavoro. Tuttavia, secondo quest'indagine, solo il 16% si sta attivando per cercarne un altro. Perché? La risposta deriva dalla paura di non trovarne un altro. È un momento di crisi. Le aziende licenziano e i disoccupati aumentano. Ecco che cosa mi ha confidato un dipendente di un'importante azienda italiana che ha richiesto di restare anonimo: «L'atteggiamento della mia azienda è che dobbiamo sentirci felici per il solo fatto che lavoriamo qui. Secondo loro, se a te non piace quello che stai facendo, ci sono almeno altre 5 milioni di persone che muoiono dalla voglia di subentrare al tuo posto».

Se, quindi, è difficile cambiare lavoro e non ci si può licenziare (per ovvi motivi), come reagiscono al «mal d'ufficio» i lavoratori italiani? Soprattutto con l'**assenteismo**. Dove per assenteismo intendiamo l'assenza dal lavoro senza valide motivazioni o con giustificazioni di «inesistenti malattie». Secondo la Camera di Commercio di Milano, a causa del «mal d'ufficio», si sono perse 830 mila giorni di lavoro in 13 settimane tra ottobre e gennaio 2010 con un costo di 50 milioni di euro.

Dallo studio della Baromètre Accor Service emerge che a fare la differenza nel trattenere i lavoratori in azienda è un mix di formazione, possibilità di carriera ed *engagement* (espressione inglese che in italiano si può tradurre come «coinvolgimento»). In pratica, per i lavoratori italiani, oltre alla paga competitiva, sono molto importanti: una leadership forte, una comunicazione chiara e precisa con il management.

A questo punto è spontaneo domandarsi: «Ma i soldi sono fonte di motivazione per chi lavora?». Varie ricerche hanno mostrato come i lavoratori soddisfatti del proprio lavoro mettono lo stipendio al quarto posto nella scala delle priorità, facendolo precedere da fiducia, rispetto e dignità. Perché? Perché quando le persone provano soddisfazione per il proprio lavoro, i fattori esterni sono meno importanti. Ma che cosa succede per i «lavoratori disperati»? In questi casi il denaro diventa l'aspetto fondamentale. Perché? Col denaro (che è un valore-mezzo) si può comprare la soddisfazione fuori dal lavoro.

Ecco una testimonianza di un impiegato che ha partecipato a un mio corso di formazione: «Al lavoro parlo poco, tra colleghi non c'è feeling, con i superiori la situazione è anche peggiore. In sostanza dove sto lavorando vivo male; ma fuori dal lavoro mi rifaccio e sono tutto un altro individuo». A questo proposito, riporto il commento che ha fatto nel suo libro *Andare oltre* il mio amico e collega Claudio Palumbo, docente di Psicologia della Formazione presso l'Università degli Studi di Parma: «Per questi soggetti il luogo di lavoro è una fonte di malessere, in esso si sentono disadattati e comunicano poco e male. Tuttavia quando escono da questo ambiente si trasformano, cercano di riprendersi tutto ciò che è mancato loro a livello di relazioni durante le ore lavorative. In definitiva, si sentono meglio o almeno così ritengono» [6]. Ma è veramente così? L'esperienza lavorativa e di formazione ci ha insegnato che se un soggetto si percepisce «molto diverso» quando è fuori dall'ambiente lavorativo rispetto a quando è dentro al luogo di lavoro, questo è un segnale di malessere.

Ricordiamoci che noi esseri umani siamo un sistema che vive in un mondo di sistemi e tutti connessi tra loro. Il nostro corpo è un sistema, così come lo è la nostra famiglia e l'azienda per la quale lavoriamo e il gruppo di amicizie che normalmente frequentiamo. Ecco perché lo slogan che ho coniato per la *Pentacomunicazione*® è: «Una comunicazione a tutto tondo per una persona a tutto tondo». Questo messaggio vuole evidenziare come l'individuo deve essere percepito nella sua globalità. Non si può essere una persona al lavoro e un'altra al di fuori, perché questa situazione genera stress. Si trascorre, nella migliore delle ipotesi, un terzo della giornata al lavoro e se le cose non vanno bene come vorremmo non possiamo pensare di rimediare «comprando la soddisfazione fuori dal lavoro». Come disse Cleonice Parisi: «Quando comprenderai che fusto, radici e foglie, appartengono tutte al tuo albero, vedrai con gli occhi del cuore il tuo giardino».

Dobbiamo trovare i giusti equilibri e per farlo dobbiamo scoprire i nostri valori più profondi e agire di conseguenza. Per questo motivo, all'inizio di questo capitolo ti ho chiesto di rispondere a questa domanda: «Quali sono gli aspetti davvero importanti per te nell'ambito lavorativo?». Finché non sapremo la destinazione del viaggio che intendiamo percorrere è molto meglio rimanere fermi.

Nell'ottica del pensiero sistemico è molto utile tenere a mente che un piccolo miglioramento avrà ricadute su molti altri aspetti della nostra vita. Per questo motivo, la lettura di questo manuale e l'applicazione dei principi in esso contenuti ti porterà benefici non solo nel lavoro ma anche in altre situazioni nelle quali ti troverai a interagire.

Ritornando all'indagine della Baromètre Accor Service, alla domanda, rivolta al suo campione di riferimento, di chi fosse la colpa di questa situazione così inquietante, la risposta è stata pressoché unanime: **la colpa era del capo**. Questi risultati li ho potuti riscontrare io stesso attraverso i miei corsi di formazione sia presso organizzazioni pubbliche che private, come dimostra la confessione di un mio allievo: «Il mio capo è il tipo di persona che tende a mettere noi colleghi l'uno contro l'altro, perché pensa che un po' di tensione stimoli la produttività». Ecco un'altra testimonianza: «Il mio capo non c'è mai e quando c'è grida, ci umilia e ci fa sentire come dei "vermi"».

A questo proposito, nei miei corsi sull'argomento, pongo una domanda sulla quale ti invito a riflettere: «Qual è l'abitudine più fastidiosa del tuo capo?». Le risposte più comuni che ho riscontrato, in ordine di frequenza, sono state:
✓ non sa comunicare (65%);
✓ si attribuisce tutti i meriti del lavoro (58%);
✓ ama i leccapiedi (46%);
✓ è indeciso sul da farsi (40%);
✓ scarica ad altri le sue responsabilità (35%);

✓ non ascolta (30%);
✓ è un cafone (27%);
✓ tende a dimenticarsi le cose (25%);
✓ non passa le informazioni (17%);
✓ sminuisce i dipendenti in pubblico (15%);
✓ parla troppo (13%).

E tu ti identifichi in queste risposte o, invece, hai rilevato qualche altro aspetto?

Un'altra domanda che ho posto nella mia inchiesta sul «clima lavorativo», sulla quale ti invito nuovamente a riflettere, è stata: «Come esprime il tuo capo il suo malcontento nei tuoi confronti?».

Solo il 7% delle persone da me intervistate ha detto che di fronte a un malcontento il loro superiore ha il coraggio di affrontarlo a tu per tu in un luogo privato con lo scopo di trovare soluzioni soddisfacenti per entrambi. Il resto delle persone ha dichiarato:
✓ mi ignora (65%);
✓ evita di darmi compiti importanti (45%);
✓ me lo esprime pubblicamente davanti a tutti (colleghi o addirittura clienti) (30%);
✓ smette di chiamarmi per nome (25%);
✓ diventa ipercritico sul mio lavoro (10%).

Mi sembra interessante, a questo proposito, riportare alcuni commenti (in forma anonima) di chi ha partecipato a questa mia inchiesta:
✓ «Il mio capo ha molta difficoltà a fidarsi della gente, perché è un tipo molto insicuro».
✓ «Il mio capo è quel tipo di persona che ci dice parolacce, ci insulta e ci aizza continuamente uno contro l'altro. La cosa frustrante è che a me piace il mio lavoro, mi trovo anche bene con i miei colleghi, eppure quando tutti i santi giorni devi affrontare un individuo di questo genere, ti fa perdere tutto l'entusiasmo per il tuo lavoro».

✓ «Il mio diretto superiore è quel tipo di manager che non ha coraggio. Non si assume nessun tipo di responsabilità. Di fronte a un problema la colpa non è mai sua, ma degli altri. Le cose le vieni sempre a sapere dagli altri e mai da lui. Per fare un esempio, la scorsa settimana ho appreso da una collega (e non dal mio capo) che ero stata affidata a un nuovo progetto».

Ovviamente non tutti, nelle medesime condizioni, hanno le stesse reazioni. Ci sono alcune persone che sembrano non cogliere le provocazioni di colleghi, superiori o clienti, non cadono nei trabocchetti dello stress indotto, sembrano cosparse di «grasso di balena», tutto scivola su di loro, riescono ad avere buoni rapporti con tutti, mostrando interesse in quello che fanno, senza rimanere indietro con il lavoro! Ci sono, invece, altri individui che, non riuscendo a gestire le loro emozioni e i loro stati d'animo, entrano in crisi ogniqualvolta i loro rapporti interpersonali diventano tesi.

La differenza fra queste persone dipende soprattutto dall'**atteggiamento mentale**, ossia dal modo in cui affrontano la vita. Certamente, la vita lavorativa può riservare «brutte» sorprese ma esistono anche degli strumenti per mezzo dei quali possiamo controllare gli effetti anche dei colpi più duri. «È un vero peccato – ha affermato il noto predicatore americano Norman Vincent Peale – che la gente si lasci vincere da problemi, preoccupazioni, difficoltà di relazioni, quando tutto ciò non è assolutamente necessario»[7].

Come possiamo spiegare questa differenza di atteggiamento? Si tratta, forse, di un fattore genetico? O è, invece, l'ambiente circostante a condizionare gli atteggiamenti di un essere umano? Per rispondere a queste domande vale la pena cominciare da un esempio.

Non criticare il tuo capo, interpretalo

Il direttore di un Centro Studi di ricerca e di eccellenza era decisamente accentratore, esercitava il controllo e dava sempre per scontato di sapere quale fosse la cosa migliore da fare e di essere l'unico a poter prendere decisioni importanti. D'altra parte era una persona brillante e di talento, con molta esperienza. Ma le sue deleghe erano solo operative – «fai quello, fa quest'altro ecc.» – come se gli altri non dovessero mai essere coinvolti. I suoi collaboratori stavano perdendo ogni motivazione, sembravano rassegnati. Stavano nei corridoi vicino all'ufficio del direttore e in sua assenza borbottavano.

– «Non posso credere che abbia fatto una cosa del genere.»
– «Non capisco il perché di certi comportamenti.»
– «Meglio che non te lo chiedi.»
– «Allora siamo proprio tutti sulla stessa barca!»

Ad ascoltare queste parole c'era anche Alessia, responsabile dell'area didattica, che non volle proprio accettare di «far parte della stessa barca». E per questo adottò un altro approccio. Anche se le venivano delegati compiti operativi come a tutti gli altri, decise di svolgerli al meglio. Ma soprattutto, prima di svolgerli, cercava di immaginare le motivazioni per le quali il Direttore faceva tali richieste. Per esempio, un giorno il Direttore, senza troppe parole, le ordinò di fargli avere nella giornata i dati relativi alla frequenza degli studenti-lavoratori dello scorso triennio accademico. A quella richiesta, e prima della sua esecuzione, Alessia si domandò: «Dunque vediamo. Perché vuole questa informazione? Considerato che stasera si riunisce il Consiglio del Centro Studi vorrà che raccolga questi dati perché probabilmente ha intenzione di proporre delle strategie per migliorare la loro frequenza e ridurre il loro abbandono. Forse può aver ricevuto delle critiche al riguardo. Lo aiuterò a prepararsi al meglio».

Alessia consegnò così i dati al Direttore come da sua richiesta, poi con coraggio e determinazione passò alla fase di analisi e proposte (che non le erano state richieste).

Il Direttore si rivolse ad Alessia e disse: «Vorrei che venisse al Consiglio con me per esporre le sue idee. La sua analisi è brillante. Ha anticipato esattamente ciò di cui avevo bisogno». Mentre tutti i suoi colleghi non facevano altro che lamentarsi e piangersi addosso e aspettare che «gli fosse detto», Alessia aveva deciso di esercitare la sua forza attraverso l'empatia nei confronti del Direttore, stabilendo cosa lui volesse e di cosa avesse davvero bisogno. Dopo alcuni anni, Alessia diventò un punto di riferimento per tutto il Centro Studi grazie alla sua influenza e al suo carisma, pur rimanendo responsabile della segreteria didattica. Il rettore non metteva in atto strategie importanti senza prima essersi consultato con Alessia.

Quando la conobbi alcuni anni fa le domandai che cosa potesse consigliare per migliorare il proprio «ambiente di lavoro». Mi rispose: «In qualsiasi ambiente lavorativo le cose non vanno sempre come vorremmo che andassero. Ci sono poi situazioni più o meno gravi. In ogni caso ciascuno dovrebbe chiedersi: «Qual è la cosa migliore che io possa fare in queste circostanze?». Lo sai Massimo, qual è stato il più bel complimento che ho ricevuto in questi numerosi anni di servizio? «Alessia riesci a rendere bello ogni ambiente!». Sono fortunata ad aver avuto in questo la collaborazione dei miei responsabili, perché li ho convinti a creare un ambiente favorevole per chi lavora con me e per il pubblico di riferimento! Il mio luogo di lavoro attuale è magnifico, ci sono affreschi ovunque e l'arredamento è davvero splendido. Quando gli studenti entrano nel mio ufficio, mi accorgo dalle loro espressioni, ne rimangono incantati. L'arredo della mia stanza sarebbe, però, poca cosa se non riuscissi a rendermi utile agli studenti, ai contrattisti e ai docenti che si siedono sulle sedie di Philippe Starck e firmano documenti sulla mia scrivania di cristallo, non trovi?».

Siamo, spesso, indotti a credere che gli eventi esterni condizionino la nostra vita e che l'ambiente influisca in modo determinante sulla nostra formazione. Niente di più falso. **Non sono gli eventi esterni della nostra esistenza a modellarci, ma le nostre convinzioni sul significato di tali eventi**. Benjamin Disraeli diceva: «L'uomo non è la creatura delle circostanze; sono le circostanze le creature dell'uomo».

Capisco che molti di voi non si sentano a proprio agio nel proprio ambiente lavorativo, soprattutto se si svolgono attività poco gratificanti e con rapporti interpersonali difficoltosi, ma devi sapere che non conta tanto ciò che fai nella vita lavorativa bensì come lo fai. Ancora una volta l'aspetto determinante è il tuo atteggiamento mentale; se ti senti infelice, triste e insoddisfatto per ciò che svolgi sarà così che ti sentirai, indipendentemente dai tuoi compiti. Non è quello che stai svolgendo, o dove sei, o con chi sei che ti potrà rendere felice o infelice. «Non c'è niente di buono o di cattivo in sé, diceva Shakespeare, è il pensiero che rende le cose buone o cattive». Un aneddoto è utile per approfondire il concetto.

Il tagliapietre

C'era una volta, nel Medioevo, un visitatore che entrò in un cantiere dove si stava costruendo una cattedrale. Incontrò un tagliapietre e gli chiese: «Che cosa stai facendo?». L'altro rispose di malumore: «Non lo vedi? Sto tagliando le pietre».

Così egli mostrò che considerava quel lavoro increscioso e senza valore. Il visitatore passò oltre e incontrò un secondo tagliapietre; anche a costui chiese che cosa stesse facendo. «Sto guadagnando da vivere per me e la mia famiglia», rispose l'operaio con tono calmo, mostrando una certa soddisfazione. L'altro proseguì e trovando un terzo tagliapietre gli rivolse la stessa domanda. Questi rispose gioiosamente: «Sto contribuendo a costruire una grande cattedrale». Egli aveva compreso il significato e lo scopo del suo lavoro, si era reso conto che la sua opera umile era altrettanto necessaria quanto quella dell'architetto e, quindi, in un certo senso aveva lo stesso valore della sua. Perciò, eseguiva il lavoro volentieri, con entusiasmo e con energia.

Il benessere psicologico si fonda sul lavoro e sulla passione che ci mettiamo. È una questione di atteggiamento mentale, di autodisciplina. Anche se in questo momento le cose non vanno come vorresti che andassero, pazienza; metticela tutta ugualmente e differenziati dagli altri. Fallo per te stesso e per il tuo benessere interiore. Come affermò Thomas Jefferson: «Niente può impedire all'uomo che ha il giusto atteggiamento mentale di raggiungere i suoi scopi; niente al mondo può aiutare un uomo che ha un atteggiamento mentale sbagliato».

Di seguito, ti lascerò alcune righe per riflettere sul vero significato del tuo lavoro. Non fermarti alle mansioni che svolgi, ma vai oltre. Ad esempio, se ti chiedessi: «Qual è la vera missione di un venditore?». Potresti rispondere: «Vendere, fare affari, soddisfare le esigenze del cliente ecc.». Ma, da un esame più attento, potremmo affermare che la vera missione di un venditore è quella di «aiutare il cliente affinché faccia la scelta giusta». Il vero obiettivo per chi vende dovrebbe essere quello di «aiutare il cliente affinché possa prendere buone decisioni». Infatti, il successo negli affari consiste proprio nel far sì che ciascun cliente si senta soddisfatto della propria scelta, perché se così non fosse ci sarebbero davvero poche possibilità che il nostro cliente si affidi nuovamente alla nostra attività.

Prenditi, quindi, un po' di tempo per pensare al vero significato del tuo lavoro e vedrai che queste riflessioni ti saranno molto utili.

Il vero significato del mio lavoro è...

In questo capitolo hai fatto chiarezza sui valori che guidano la tua vita lavorativa e sul vero significato del tuo lavoro. Oltre a ciò, hai scoperto se soffri anche tu, come capita a milioni di lavoratori, del «mal d'ufficio» e come l'atteggiamento mentale sia la chiave per superare le situazioni più avverse. Tuttavia, nonostante i tuoi sforzi, le cose potrebbero non andare come vorresti. Perché? La risposta deriva dalla Legge dell'Attrazione.

[1] Il tema dei «valori» è un aspetto ricorrente in tutti i miei libri. A questo proposito si veda: Massimo Piovano, *Rendere al massimo*, De Vecchi, Milano 2008; *Sviluppare il proprio carisma*, De Vecchi, Firenze 2010; *La pentacomunicazione*, De Vecchi, Milano 2008.

[2] Questa mia personale ricerca sul «clima lavorativo» è durata circa due anni (dal 2008 al 2010) e ha visto coinvolte oltre 300 persone. La maggior parte di esse ha partecipato ai miei corsi di formazione. Il campione non probabilistico casuale da me scelto ha visto in prevalenza lavoratori uomini e donne assunti con contratto di apprendistato (60%). Il resto del campione è stato rappresentato da dipendenti con contratti a tempo determinato (10%) e indeterminato (30%). I settori lavorativi appartengono sia all'ambito pubblico (35%) che privato (75%).
[3] Alle stesse conclusioni sono giunti diversi studi tra i quali segnaliamo la ricerca condotta nel 2006 dalla University College di Londra, che ha coinvolto oltre quattro mila lavoratori.
[4] Con il termine «casalinghe disperate» mi riferisco ad una nota fiction trasmessa sulle reti rai: *Desperate Housewiwes.*
[5] Quest'indagine della Baromètre Accor Service è stata svolta nel 2005 ma a tali conclusioni è pervenuta anche un'altra indagine del 2007 condotta dalla società Towers Perrin su 90.000 dipendenti di grandi e medie aziende in 18 diversi paesi industrializzati.
[6] Claudio Palumbo, *Andare oltre*, Santa Croce, Parma 2006.
[7] Norman V., Peale, *Come acquistare fiducia e avere successo*, Bompiani, Milano 2000.

2

La Legge dell'Attrazione

Perché ciò che temo mi accade e quel che mi spaventa mi raggiunge.

Giob 3:25

Tutto quello che siamo è il risultato di ciò che abbiamo pensato.

Buddha (565 a.C.-486 a.C.)

La Legge dell'Attrazione è una legge fondamentale della psicologia, divenuta famosa grazie al film e al libro bestseller di Rhonda Byrne *The Secret*, la quale afferma che **tutto quello che è entrato nella nostra vita è stato in realtà attratto da noi attraverso i nostri pensieri**[1].

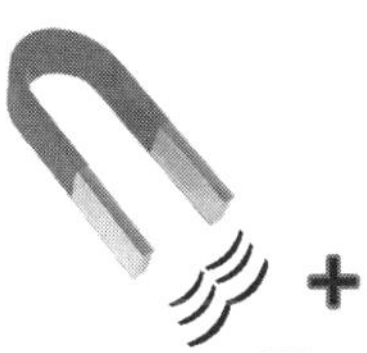

La nostra esistenza è simile a un magnete: come il magnete ha la proprietà di attrarre a sé gli oggetti ferromagnetici, allo stesso modo noi abbiamo la capacità di attirare eventi, situazioni, persone alle quali la nostra mente si è più focalizzata.

In pratica, il tuo lavoro attuale, i tuoi superiori, i tuoi colleghi e i tuoi clienti li hai attratti tu stesso. Sei tu ad aver attratto tutto quello che è entrato nella tua vita, comprese le cose di cui ti lamenti. So, per esperienza, che queste parole possono creare disagio: «Non sono io ad aver attratto quel collega che mi sta rovinando l'esistenza. Non sono io ad aver attirato quel cliente rompiscatole. Non sono io ad aver attirato quel lavoro increscioso. Non sono io ad aver attirato quel capo tiranno». Eppure, anche se è un concetto difficile da accettare, dobbiamo essere consapevoli che **siamo tutti responsabili al 100% dei nostri problemi**. Questo è un modo completamente nuovo di guardare alla vita, può far girare inizialmente la testa, ma, se lo faremo nostro, ci trasformerà la vita.

«Ciò che accade nella vostra vita – come ha affermato uno degli autori di *The Secret* Joe Vitale – non è colpa vostra ma vostra responsabilità»[2]. Se qualcuno non ti piace è una cosa che hai creato tu. E questo perché quelle persone fanno parte della tua esperienza. Per questo motivo quello che davvero conta non è tanto quello che fanno gli altri ma quello che fai tu per cambiare la situazione che ti preoccupa.

Se il problema riguarda, ad esempio, un rapporto che hai con un'altra persona, chiediti: «Cosa sta succedendo *in me* che fa sì che questa persona mi dia fastidio?»

Motto della YMCA di Milwaukee
Stai attento ai tuoi pensieri, perché diventano parole. *Stai attento alle tue parole, perché diventano abitudini.* *Stai attento alle tue abitudini, perché diventano il tuo carattere.* *Stai attento al tuo carattere, perché diventa il tuo destino.*

Ecco un esercizio che puoi fare subito in un paio di minuti. Munisciti di una penna e compila la tabella sottostante. Per prima cosa pensa a una persona per te significativa (cliente, collega o superiore) con la quale stai intrattenendo dei rapporti professionali. Scrivi il nome nell'apposito spazio. Sotto troverai due colonne: una con il segno (+) e l'altra con un segno (-). Sotto la colonna (+) fai una lista di tutte le qualità positive possedute dalla persona scelta. Potrebbero essere qualità del tipo: la generosità, l'onestà, la pulizia, l'allegria o qualsiasi altro elemento che ti ha colpito favorevolmente. Quando hai concluso questa lista, passa alla colonna (-) e specifica, in dettaglio, gli aspetti negativi della personalità dello stesso soggetto. Essi potrebbero essere: l'indolenza, il continuo criticare gli altri, la testardaggine, la disonestà, il disordine o qualsiasi altro aspetto che hai sperimentato come «non positivo».

Nome della persona	
Aspetti positivi (+)	**Aspetti negativi (-)**

Dopo aver completato il processo, cancella il nome della persona in alto nella tabella. Al suo posto scrivi il tuo. In questo modo avrai un'immagine accurata delle qualità e dei tratti che ti piacciono o di quelli che non ti piacciono.

Ricordati che l'unico elemento che riesci a vedere in qualcun altro è il riflesso di qualcosa che sta dentro di te.

La tua vita è come uno specchio che riflette i tuoi pensieri dominanti. In pratica, la tua vita attuale è il frutto di quello che hai attirato attraverso i tuoi pensieri.

Per illustrare questo concetto, consideriamo la seguente storia di due impiegati che hanno partecipato a una stessa riunione.

I due impiegati

Alla fine della riunione, il primo impiegato dice al secondo: «Quella nuova ragazza che si è inserita da poco nel nostro ufficio e che si è appena trasferita da Milano è proprio arrogante».

Il secondo impiegato reagisce totalmente sorpreso: «Intendi Cecilia? Arrogante? Stai sicuramente scherzando: è così dolce. Penso sia una persona fantastica».

Uno dei due impiegati non conosceva l'arroganza nella propria natura e così non è riuscito a riconoscerla neppure in qualcun altro; l'altro che, al contrario, aveva un carattere alquanto arrogante, ha riconosciuto subito il suo difetto, attribuendolo però a Cecilia.

Non dimentichiamoci che non possiamo riconoscere in qualcun altro qualcosa che non fa parte della nostra stessa esperienza. In altre parole, **ciascuno di noi vede negli altri quello che porta nel proprio animo**.

Spesso, ad esempio, assegniamo un peso eccessivo ai gesti, alle parole, ai comportamenti degli altri, ma quel che è peggio è che si comincia ad accumulare mentalmente una sorta di profezia che si autoavvera. Incominciamo ad affollare la nostra mente con pensieri negativi e vediamo il nostro capo come **sempre** dispotico o il nostro collega come **sempre** scontroso e, così, prima ancora di mettere piede in ufficio, ci proiettiamo dentro la nostra mente le immagini che vorremmo evitare. Di conseguenza, predisponendoci al peggio, basta uno sguardo storto per farci reagire con aggressività o scegliere di covare nell'ombra la vendetta, trascurando le vere ragioni per le quali andiamo a lavorare.

Generazione scaricabarile[3]

Nel novembre 2008 ho scritto un articolo per la rivista «Vita e Salute»[4], nel quale ho evidenziato come le nuove generazioni, e non solo, non sappiano più prendersi le proprie responsabilità. Purtroppo, se i ragazzi non vengono abituati a prendersi le loro responsabilità, saranno adulti fragili e insicuri. Spetta, invece, a ciascuno di noi e a nessun altro prendersi la responsabilità di ciò che ci accade.

Ma che cosa vuol dire esattamente prendersi la responsabilità? Essere responsabili vuol dire letteralmente «essere capaci di rispondere in modo **abile** a qualsiasi evento». Come abbiamo già affermato, questo significa che, come esseri umani, noi siamo responsabili della nostra vita. E se le cose non vanno come noi vorremmo che andassero, la colpa è solo nostra e delle decisioni che in passato abbiamo preso.

Gli individui che si assumono le loro responsabilità, infatti, non biasimano, per il proprio comportamento, le circostanze o le situazioni a loro capitate. Per costoro il comportamento è figlio della loro scelta consapevole, basata su valori e principi e non un prodotto casuale di situazioni, frutto degli umori del momento.

Alcuni, però, non sono convinti di questo. Hanno interiorizzato la **filosofia del determinismo**. Dove per «determinismo» intendiamo la dottrina filosofica secondo la quale tutto ciò che ci accade è il frutto di una catena ininterrotta di eventi avvenuti in precedenza. Le principali conseguenze di questa dottrina sono che il libero arbitrio è un'illusione e che tutto quel che accadrà in futuro è predeterminato dalle condizioni iniziali[5].

Esistono, per essere più precisi, tre interpretazioni deterministiche ampiamente accettate sia tra la popolazione più adulta che tra quella adolescente, l'una indipendentemente dall'altra o in combinazione fra loro, per spiegare la natura dell'uomo.

La prima si fonda sul **determinismo genetico**, secondo il quale i nostri comportamenti dipendono dall'ereditarietà: se, ad esempio, tu hai un caratteraccio, questo tuo tratto caratteriale è inscritto nel tuo DNA, lo hai ereditato dai tuoi nonni che probabilmente erano fatti così, e non puoi farci nulla.

La seconda si riferisce al **determinismo psichico**, secondo il quale la causa dei tuoi difetti o pregi è da attribuirsi ai tuoi genitori (o alle persone che hanno rivestito per te un ruolo significativo). Il modo in cui sei stato educato e le tue esperienze durante l'infanzia hanno prodotto il modo in cui tendenzialmente ti comporti e la struttura del tuo carattere. Se ad esempio sei aggressivo, la causa è da ricercarsi nell'approccio educativo dei tuoi genitori (o delle persone che sono state per te significative).

Infine, vi è il **determinismo ambientale**, secondo il quale le vere responsabili di ciò che ti accade sono le circostanze esterne. In pratica, se non sei ciò che vorresti essere, la causa, a seconda delle circostanze, potrebbe essere attribuibile al tuo capo, a tua moglie (marito), ai tuoi figli, alla situazione economica, alla politica di governo, a dove sei nato ecc.

L'aspetto desolante è che molti finiscono col credere sul serio a questo «determinismo», per ritrovarsi, in seguito, senza nulla.

Che cosa succede, ad esempio, nelle organizzazioni quando non si raggiungono i risultati prefissati? Il marketing rimprovera la produzione, la produzione rimprovera la progettazione, la progettazione rimprovera il marketing e così via. La sindrome del «nemico è là fuori» è spesso presente anche nei conflitti interpersonali nei quali ci si accusa vicendevolmente senza, in realtà, assumersi le proprie responsabilità.

Ma individuare il «nemico là fuori» è quasi sempre un alibi per non ammettere che il problema che bisogna affrontare è spesso «qui dentro». Per questo motivo la vera «cura» incomincia, innanzitutto, da noi stessi e dal nostro atteggiamento mentale.

Il vero cambiamento

Se vuoi cambiare il mondo devi iniziare dal tuo paese.
Se vuoi cambiare il tuo paese devi iniziare dal tuo villaggio.
Se vuoi cambiare il tuo villaggio devi iniziare dalla tua casa.
Se vuoi cambiare la tua casa devi iniziare da te stesso.
(Adagio cinese)

Vuoi avere relazioni migliori all'interno della tua organizzazione? Vuoi riuscire meglio nel lavoro che svolgi? O desideri eliminare una tua cattiva abitudine? Qualunque sia il tuo desiderio, rimarrà sempre irrealizzato se non comprenderai che tutto dipende da te e dalla tua volontà, anche la più piccola delle azioni che vorrai compiere.

Alla filosofia del determinismo si contrappone la filosofia della libertà; secondo la quale **fra stimolo e risposta abbiamo sempre la libertà di scegliere**. E questa libertà l'abbiamo dentro di noi. Come viene affermato nella Bibbia, nel libro dei Salmi: «Cerca nel tuo cuore con la massima diligenza, poiché è da esso che provengono le soluzioni della vita».

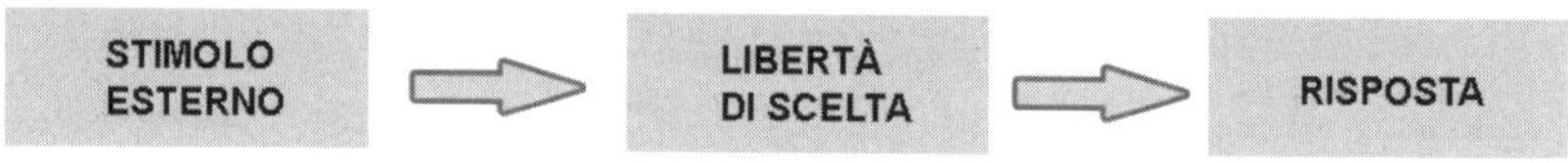

L'epidemia del «no», «non voglio»

Da secoli l'umanità è tormentata da una terribile epidemia: l'epidemia del «no», «non voglio». Questa epidemia è alimentata dall'atteggiamento delle persone che pensano, parlano, agiscono e si concentrano soprattutto su ciò che «non vogliono». Se, per esempio, continui a dirti: «Non c'è nessuno che mi capisce»; «Nessuno mi valorizza»; «Non voglio perdere il lavoro» ecc., è come se ti stessi programmando per attirare proprio ciò che non vuoi. Mi spiego meglio. Alla Legge dell'Attrazione non importa se per te qualcosa è buono o cattivo e neppure se lo vuoi o non lo vuoi. La Legge dell'Attrazione reagisce ai tuoi pensieri. Così, se stai pensando con preoccupazione all'ambiente di lavoro nel quale ti trovi a interagire, il segnale che emetti è:

«Sto proprio male, la mia vita lavorativa è un disastro a causa delle mie relazioni interpersonali difficoltose». E così, paradossalmente, continuerai ad attirare proprio ciò che non vuoi.

Di seguito ti propongo uno schema di quello che succede nella nostra mente quando ci focalizziamo su ciò che non vogliamo[6].

Vorrei ottenere...		**Ma, in realtà, ottengo...**
Non voglio far tardi	→	Voglio far tardi
Non voglio far brutta figura	→	Voglio far brutta figura
Non voglio avere debiti	→	Voglio avere debiti
Non voglio litigare	→	Voglio litigare
Non sono un fallito	→	Sono un fallito
Non voglio essere preso in giro	→	Voglio essere preso in giro

Ora che ti sei reso conto della potenza della Legge dell'Attrazione, devi imparare a focalizzare i tuoi pensieri con più sapienza e saggezza. Ogni volta che ti accorgerai di sentirti dire «no», «non voglio», fatti questa domanda: «**E allora, cosa voglio esattamente?**». Questa domanda ti spingerà a ricercare nuove parole più stimolanti e a focalizzarti su ciò che vuoi e non più su ciò che non vuoi.

Riprendendo l'esempio esposto in precedenza, possiamo trasformare le seguenti espressioni in modo più produttivo.

Affermazione negativa		Affermazione positiva
Non voglio far tardi	➔	Voglio arrivare puntuale
Non voglio far brutta figura	➔	Voglio essere considerato per quello che valgo
Non voglio avere debiti	➔	Voglio vivere nell'abbondanza economica
Non voglio litigare	➔	Voglio far pace
Non sono un fallito	➔	Sono un vincente
Non voglio essere preso in giro	➔	Voglio essere trattato come una persona intelligente

Ora ti propongo un esercizio per aiutarti a far chiarezza su cosa vuoi veramente. Prima di affrontarlo prenditi però una pausa di riflessione. Disponiti mentalmente a questo lavoro, scegli un luogo in cui puoi stare tranquillo senza essere disturbato. Se non ci sono queste condizioni, ti consiglio di rimandare l'esercizio. Non bisogna avere fretta.

Foglio di lavoro per far chiarezza

Istruzioni. Pensando al tuo ambiente di lavoro, al rapporto con i tuoi colleghi e con i tuoi superiori, elenca nella colonna «A» tutto quello che ti affligge. Per esempio potresti indicare «troppe ore di lavoro», «una paga troppo bassa», «collega o superiore rompiscatole». Sentiti libero di scrivere tutto ciò che ti passa nella mente. Puoi metterci tutto il tempo che ti serve. Ricordati però che più elementi inserirai, maggiore chiarezza raggiungerai.

Dopo aver completato l'elenco di ciò che non vuoi nella colonna «A», dovrai leggere ogni espressione chiedendoti: «E allora, che cosa voglio esattamente?». E a ogni risposta che ti verrà in mente la dovrai riportare nella colonna «B». Quando avrai terminato l'esercizio potrai tirare una riga sull'elemento della colonna «A».

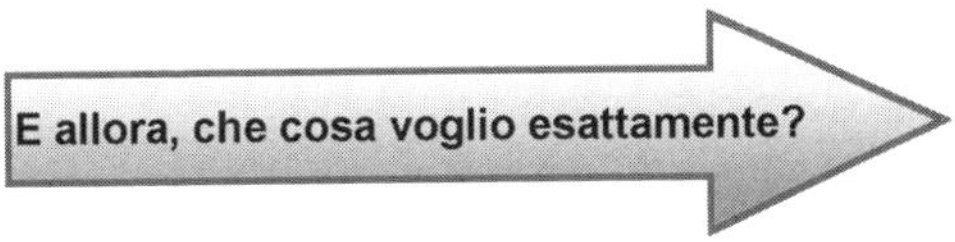

(A) **Le cose che non voglio...**	**(B)** **Le cose che voglio esattamente...**
Esempio: ~~Non voglio essere sottomesso~~	Voglio rispetto da tutti

Hai svolto con passione questo esercizio? È probabile che per il solo fatto di aver identificato e messo per iscritto ciò che vuoi, ti sentirai già bene. E se ti sentirai bene è davvero un ottimo passo in avanti per smetterla di «roderti il fegato».

Su che frequenza sei?

È impossibile monitorare ogni nostro pensiero. Facciamo circa 60.000 pensieri al giorno e la maggior parte di essi sono inconsci. Esiste, però, un sistema molto semplice per controllare i nostri pensieri, usare le nostre emozioni.

I nostri pensieri determinano le nostre emozioni e ci dicono immediatamente su quale frequenza ci troviamo.

Quando stiamo bene, le nostre vibrazioni sono positive e la Legge dell'Attrazione reagisce restituendoci in misura maggiore la stessa sensazione. Quando, al contrario, non stiamo bene dobbiamo cambiare pensieri. E per cambiare i nostri pensieri dobbiamo cambiare le parole che usiamo o le immagini che abbiamo dentro di noi.

Ma che cos'è una «vibrazione»? Con il termine vibrazione intendiamo lo stato d'animo, le sensazioni, le emozioni che stiamo sperimentando.

Ciascuno di noi emana vibrazioni positive o negative in qualsiasi momento.

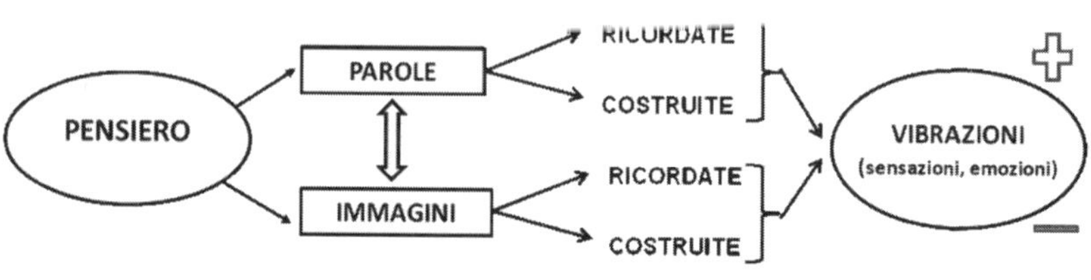

Il nostro pensiero è formato dalle parole che pronunciamo dentro noi stessi (il nostro dialogo interno) e dalle immagini che abbiamo nella mente. Queste parole e queste immagini possono essere «ricordate», ovvero appartenenti a ciò che abbiamo già sperimentato nel passato, o «costruite» da ciò che pensiamo ci possa accadere. L'insieme di queste parole e immagini determineranno le nostre vibrazioni.

Di seguito troverai alcuni esempi di sensazioni che generano vibrazioni positive o negative.

Vibrazioni positive	**Vibrazioni negative**
Amore	Odio
Gioia	Tristezza
Abbondanza	Mancanza
Benessere	Malessere
Entusiasmo	Depressione
Fiducia	Sfiducia
Ottimismo	Pessimismo

In ogni singolo momento della nostra vita proviamo uno stato d'animo o una sensazione. Proprio adesso, mentre stai leggendo queste parole stai provando una particolare sensazione e la Legge dell'Attrazione te la restituirà in misura maggiore.

Per esempio, quando una persona si sveglia di lunedì mattina nervosa e irritata perché non gli piace l'ambiente di lavoro in cui si trova a interagire, emana una vibrazione negativa. E mentre la emana, la Legge dell'Attrazione reagisce, inviando a questa persona la stessa vibrazione ma in misura maggiore. Così, la persona in questione scende dal letto, inciampa, rovescia il caffè, si ritrova intrappolata nel traffico, scopre che un cliente ha annullato l'appuntamento, e finisce con il domandarsi: «Non era meglio rimanere a casa?!».

Pensiamo, invece, a un impiegato che ha entusiasmo e passione per i compiti che svolge, indipendentemente dalle circostanze. Arriva in ufficio e legge una nota del suo capo che gli fa i complimenti per un lavoro svolto bene: emanerà una vibrazione positiva ed esclamerà: «Sto procedendo alla grande!».

In entrambi gli esempi, la Legge dell'Attrazione è al lavoro, intenta a manifestarsi e a orchestrare tutto ciò che è necessario per potenziare nelle due persone le loro vibrazioni, positive o negative che siano.

I ritardi: quando le cose si verificano... alla fine

Per nostra fortuna esiste un intervallo di tempo fra ciò che pensiamo e la concretizzazione del pensiero, altrimenti saremmo davvero nei guai. Questo intervallo di tempo fra formulazione e realizzazione gioca a nostro vantaggio, e questo perché possiamo «correggere il tiro» quando ci accorgiamo di avere pensieri improduttivi. Non importa quanti pensieri negativi ci siano stati dentro la tua mente, poiché un pensiero positivo è centinaia di volte più potente di uno negativo. Tuttavia, se continuerai a coltivare pensieri negativi, essi, prima o poi, si manifesteranno nella tua vita. Decidi fin d'ora di coltivare pensieri buoni e impegnati a fare della tua vita un capolavoro.

La battaglia tra due lupi

C'era una volta un nonno che raccontava al suo piccolo nipote della battaglia che si combatte ogni giorno dentro ognuno di noi. Disse: «Figliolo, la battaglia è tra due "lupi" che vivono dentro di noi. Uno è l'Infelicità. È paura, preoccupazione, rabbia, gelosia, dispiacere, risentimento e inferiorità. L'altro è la Felicità. È gioia, amore, speranza, serenità, gentilezza, generosità, fiducia e buon umore». Il nipote ci pensò su e poi chiese al nonno: «Qual è il lupo che vince?». Il vecchio rispose semplicemente: «Quello che nutri di più».

Se in questo momento ti stai accorgendo di avere, dentro la tua mente, pensieri negativi che non ti porteranno benefici, hai la facoltà di cambiare i tuoi pensieri e predisporti verso un atteggiamento più positivo e produttivo. Il tempo sarà dalla tua parte, poiché attimo dopo attimo costruirai un futuro migliore.

Tu sei il capolavoro della tua vita,
sei il Michelangelo della tua stessa vita.
Il David che stai scolpendo sei tu.
Joe Vitale, *The Secret*

È arrivato il momento che ti sveli due forze molto potenti che produrranno in te vibrazioni, sensazioni e stati d'animo molto positivi e produttivi.

La forza della gratitudine

Un modo per cominciare splendidamente una nuova giornata è quella di considerare tutte le fortune che hai in questo momento. Puoi provare gratitudine per avere una casa, un'auto, per avere degli amici, per avere dei figli, per una persona che ami, per avere un lavoro, per il cibo che hai mangiato o per essere semplicemente vivo. La grande illusione è pensare che il domani sia migliore. Il trucco, invece, è rimanere nel presente, essere grati di ciò che si ha ora, dando contemporaneamente il benvenuto a quello che arriverà. Come diceva Socrate: «Chi non è contento di ciò che ha, non sarà contento di ciò che avrà».

Come viene affermato nel libro *The Secret*, è impossibile ricevere ricompense se prima non abbiamo provato gratitudine per ciò che abbiamo ora; poiché i pensieri e le emozioni che emaniamo quando non proviamo gratitudine sono tutti negativi.

Siamo, dunque, grati per tutto quello che abbiamo in questo momento e quando incominceremo a fare ciò, la Legge dell'Attrazione ci farà scoprire ancora altre ricompense.

Ti invito ora a scrivere nello spazio che segue tutte le cose per cui ti senti grato. Può essere una lista di esperienze, di persone o anche di cose delle quali ti senti in questo momento grato. Non fermarti a scriverne solo alcune, ma cerca di scovarne almeno trenta, quaranta o cinquanta. Più aspetti troverai per i quali ti senti grato e più incomincerai a emanare vibrazioni positive.

Se l'unica preghiera che avete detto in tutta
la vostra vita è stata «Grazie»,
è stato sufficiente.
Meister Eckhart, teologo tedesco del XIII Secolo.

La pratica quotidiana della gratitudine ti farà sintonizzare sulla giusta frequenza d'onda per vivere una vita migliore e non solo nell'ambito lavorativo.

Oggi mi sento grato per...

La forza dell'amore

«Saluterò questo giorno con l'amore nel cuore...» sono le parole di uno dei rotoli del leggendario libro *Il più grande venditore del mondo,* scritto da Og Mandino, uno tra i massimi esperti di psicologia motivazionale. Ora non farti trarre in inganno dal titolo dicendoti: «Ma io non sono un venditore, che cosa c'entra questo libro con me?», poiché questo manuale è ritenuto un libro di ispirazione e nelle librerie è posizionato sugli scaffali che ospitano gli studi di religione o i manuali motivazionali. Devo, infatti, confessarti che Og Mandino è stato per me un mentore che mi ha aiutato moltissimo nella mia vita e nella mia professione e chi ha letto i miei libri o i miei articoli sa quanto il suo pensiero sia stato importante per le mie opere.

Nell'Universo non esiste potere più grande dell'amore. Questo sentimento è la frequenza più elevata che possiamo emettere. Come affermò lo scrittore Emmet Fox: «Basterebbe che foste in grado di amare abbastanza, per essere l'uomo più potente del mondo». Se nutriamo sentimenti di vendetta, rancore o invidia verso qualcuno, saremo noi stessi a sperimentare, per la Legge dell'Attrazione, proprio quei sentimenti. Al contrario, se coltiveremo sentimenti di pace, abbondanza e amore, ci programmeremo per il successo e per il benessere psicologico. Più grande sarà l'amore che emaneremo e maggiore sarà la nostra possibilità di vivere in armonia nelle organizzazioni nelle quali ci troveremo a interagire. Ma come riuscire a vibrare di questo sentimento d'amore? Innanzitutto amando noi stessi. Come possiamo aspettarci che qualcuno possa provare piacere in nostra compagnia se già noi stessi non ne siamo convinti? È fondamentale imparare a trattare se stessi nel modo in cui vorremmo essere trattati dagli altri. Se noi siamo i primi a trattarci senza rispetto, emetteremo, nell'Universo, quel segnale di non essere abbastanza importanti, di non essere abbastanza degni e di non meritare granché, e per la Legge dell'Attrazione vivremo sempre più situazioni in cui le persone non ci tratteranno con rispetto. Ricordati che le persone sono solo l'effetto, sono i tuoi pensieri le cause. Devi cominciare, da subito, a trattarti con rispetto e amore, a emettere tale frequenza; solo così la Legge dell'Attrazione ti condurrà verso persone che ti ameranno e ti apprezzeranno.

Nel libro che ho scritto su come sviluppare il proprio carisma ho affermato che «nessuno potrà sviluppare il proprio carisma se non incomincerà ad accettarsi per quello che è e ad amarsi»[7]. Elie Wiesel, scrittore rumeno ebreo sopravvissuto all'olocausto e premio Nobel per la pace nel 1986, scrisse: «Quando moriremo e andremo in cielo, e incontreremo il nostro Creatore, il Creatore non ci chiederà: perché non sei diventato un messia? Perché non hai scoperto il rimedio per questo e per quello? L'unica cosa che ci chiederà, in quel momento decisivo, sarà: perché non sei diventato te?»[8].

Ognuno di noi è diverso. Ognuno ha da dare qualcosa che non ha nessun altro al mondo. Ed è questa la nostra responsabilità principale.

Incomincia a pensare a tutte le qualità meravigliose che sono in te. Focalizza l'attenzione su queste tue qualità positive e la Legge dell'Attrazione te ne mostrerà altre ancora.

Prendi allora una penna e con la massima serenità d'animo fai un elenco delle tue qualità. Sii obiettivo e onesto senza essere troppo severo con te stesso.

Inventario delle mie qualità...

Joe Vitale nel suo libro *Zero Limits* ci invita ad amare tutto e tutti: anche i nostri nemici. Lo stesso Gesù lo ha detto e fatto più volte: «Amate i vostri nemici, fate del bene a coloro che vi odiano» (Lu 6-27). So per certo che avrai sentito molte volte questi precetti e non sono qui per fare alcuna morale. Ma quello che conta davvero non è quello che sappiamo ma quello che facciamo. Hai, ad esempio, mai messo in pratica la **forza della preghiera**? È stato scientificamente dimostrato che il nostro corpo emana energia magnetica, e la preghiera sincera fa emanare una potente energia positiva che si trasmette agli altri.

Non aspettarti miracoli in pochi giorni. Dovrai abituarti alla preghiera e dovrai praticarla ogni giorno affinché tu possa trarne beneficio. Tuttavia come viene affermato nel Vangelo: «Tutto ciò che chiederete con fede nella preghiera, l'otterrete» (Mat 21:22).

Preferirei avere occhi che non possano vedere,
orecchie che non possano sentire e labbra
che non possano parlare, piuttosto
che un cuore che non può amare.
Robert Tizon

Quando penso a loro emano vibrazioni positive!

In questo capitolo hai imparato che la Legge dell'Attrazione è impersonale e non fa distinzione fra le cose buone e quelle cattive. Essa reagisce ai tuoi pensieri dominanti, siano essi di natura positiva che negativa. È una legge che c'è sempre stata e che sempre ci sarà. Per questa ragione, se desideri dare una sterzata alla tua vita, devi assumerti le tue responsabilità al 100% di ciò che è successo nella tua vita, senza accusare circostanze o persone dei tuoi eventuali problemi. Ricordati, a questo proposito, che le persone sono solo l'effetto, mentre le vere cause sono i tuoi pensieri. E i tuoi pensieri determinano la tua frequenza. Per questo motivo è importante che ti sintonizzi su una frequenza d'onda positiva e produttiva e per farlo devi attingere alla forza della gratitudine e dell'amore, che ti potranno condurre verso un'esistenza più bella e gratificante. Il prossimo passo è quello di sviluppare delle strategie che ti permetteranno, in breve tempo, di trasformare gli eventi da negativi in positivi in modo tale che potrai, in qualsiasi momento, emanare un'energia positiva affinché tu possa smetterla di «roderti il fegato».

[1] Rhonda Byrne, *The Secret*, Macro Edizioni, Cesena 2009.
[2] Joe Vitale, *Zero Limits*, Il Punto d'Incontro, Vicenza 2009.
[3] Massimo Piovano, *Generazione scaricabarile*, in «Vita&Salute», novembre 2008.
[4] «Vita&Salute» è una rivista delle Edizioni ADV di Firenze fondata nel 1951 ed è stata la prima rivista in Italia ad occuparsi di salute e di medicina. Dal 2005 scrivo, in qualità di giornalista pubblicista, articoli sulla comunicazione e sulla psicologia motivazionale (per maggiori informazioni si veda www.vitaesalute.net). È anche possibile, per chi ne farà richiesta, avere una copia dei miei articoli (per maggiori informazioni si veda www.massimopiovano.it).
[5] Stephen R. Covey, *Le sette regole per avere successo*, Franco Angeli, Milano 2005.
[6] Questo innovativo metodo l'ho appreso dal libro di Michael J. Losier, *Come funziona la legge d'attrazione*, Sperling&Kupfer, Milano 2009.
[7] Massimo Piovano, *Sviluppare il proprio carisma*, De Vecchi, Firenze 2010.
[8] Elie Wiesel, *La notte*, Giuntina, Firenze 2010.

3

Il cielo è blu. Nonostante tutto!

Non esiste vento favorevole per il marinaio che non sa dove andare.
Seneca (4 a.C.-65 d.C.), filosofo, politico e drammaturgo romano.

Le avversità possono essere delle formidabili occasioni.
Thomas Mann (1875-1955), scrittore e saggista tedesco. Nel 1929 ha ricevuto il premio Nobel per la Letteratura.

Codifichiamo ed elaboriamo le informazioni che ci vengono dal mondo esterno attraverso gli apparati sensoriali del nostro sistema nervoso. La nostra visione della realtà, la percezione di ciò che ci succede, viene elaborata da ciò che vediamo con i nostri occhi, percepiamo con le nostre emozioni a livello cinestesico (dal greco *kinéo*, «io muovo», e *aisthētikós*, «capace di sentire»), ascoltiamo con le nostre orecchie, annusiamo con il nostro naso, gustiamo con il nostro palato[1].

Il tuo comportamento, ovvero ciò che fai, è il risultato dello stato d'animo in cui ti trovi. Che cos'è uno stato d'animo? È la somma totale delle tue esperienze in un dato momento. Tanto più sarai nello stato d'animo giusto e tanto più riuscirai a gestire le situazioni di stress che inevitabilmente il lavoro reca con sé. L'aspetto interessante è che si entra e si esce da stati d'animo positivi e negativi senza esserne consci. Prima, però, di imparare a dirigere i tuoi stati d'animo, devi capire come si sperimenta il mondo.

Come sperimentiamo il mondo

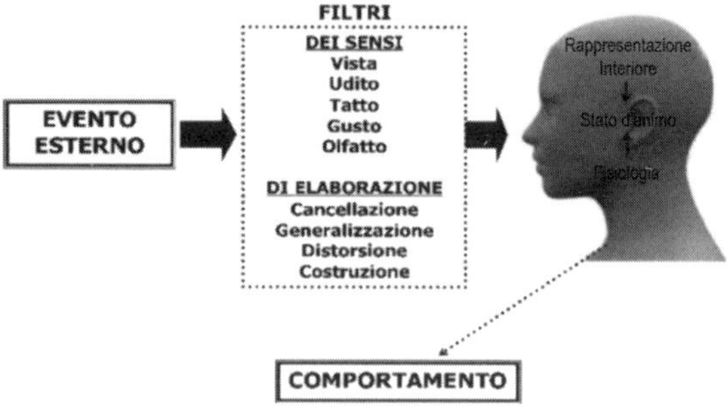

In pratica, il processo di elaborazione inizia con un evento esterno (un collega che non ti saluta, un superiore che ha uno sguardo minaccioso ecc.) di cui fai esperienza attraverso i sensi. L'informazione sensoriale viene a sua volta filtrata attraverso processi di **cancellazione**, **distorsione**, **generalizzazione** e **costruzione**.

La **cancellazione** avviene quando si presta selettivamente attenzione a certi aspetti dell'esperienza e non ad altri. Cancellare significa tralasciare od omettere determinate informazioni sensoriali. Normalmente la mente conscia può gestire un numero limitato d'informazioni; se noi non cancellassimo continuamente le informazioni, finiremmo col doverne gestire una quantità eccessiva. Se fossimo consapevoli simultaneamente di tutte le informazioni sensorie che ci arrivano, impazziremmo. È per questo che filtriamo le informazioni. Un esempio visivo ti aiuterà a comprendere ancora meglio il processo di cancellazione. Osserva la seguente immagine e indica che cosa vedi.

Osserva...	**Descrivi ciò che vedi...**

Che cosa hai visto? Un uomo anziano o un viso di un uomo giovane? La cosa sorprendente è che entrambe le risposte sono corrette, poiché dipende dalla tua visuale. In ogni caso la tua mente non riuscirà a vedere entrambe le figure[2].

La **distorsione** si ha quando modifichiamo la nostra esperienza, amplificandone certi aspetti e attenuandone altri. Ancora una volta un esempio visivo può essere utile per comprendere il fenomeno.

Osserva...	**Descrivi ciò che vedi...**
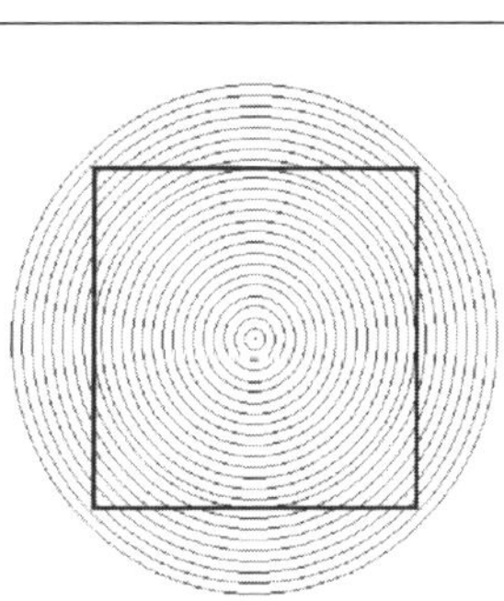	

Anche se la nostra mente fatica a vedere il quadrato con i lati diritti, essi sono assolutamente dritti.

Il terzo processo è quello della **generalizzazione**, per mezzo della quale estendiamo i risultati di una singola esperienza a un intero gruppo di eventi. Nel migliore dei casi la generalizzazione è uno dei modi in cui impariamo; per suo mezzo prendiamo le informazioni che abbiamo e ne ricaviamo conclusioni a largo raggio sul mondo, basandoci su una o più esperienze. Nel peggiore dei casi, la generalizzazione ci porta ad attribuire a un singolo episodio il valore dell'esperienza di tutta una vita. Così come per gli altri filtri proponiamo un esempio visivo del fenomeno.

Osserva...	Descrivi ciò che vedi...
a ⇨ 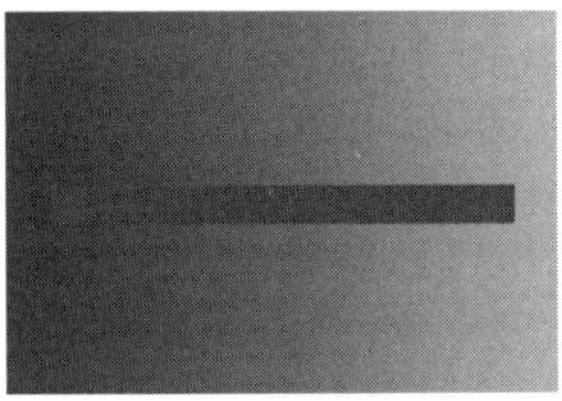	

Secondo te il segmento della figura «a» è sfumato o a tinta unita? Se hai risposto «sfumato» hai una buona vista, peccato però che la tua mente ti ha mentito. Infatti, che tu ci creda o no, questo segmento è a tinta unita. Se non ci credi puoi verificare tu stesso nell'ultimo capitolo dedicato alla soluzione degli enigmi (p. 243).

Infine, la nostra mente **costruisce**. Costruiamo quando percepiamo qualcosa che non c'è ancora. Pensa a un viaggio che devi ancora fare e che non hai ancora fatto. Sono certo che te lo sarai raffigurato dentro di te molte volte prima di sperimentarlo realmente. Purtroppo, a volte può capitare che il nostro film interiore sia diverso da quello reale per cui alla fine ne rimaniamo delusi.

Così come per gli altri filtri, anche per quest'ultimo filtro ti propongo un test visivo. Guarda il seguente dipinto e scrivi immediatamente qual è la prima cosa che vedi?

Osserva...	**Descrivi ciò che vedi...**
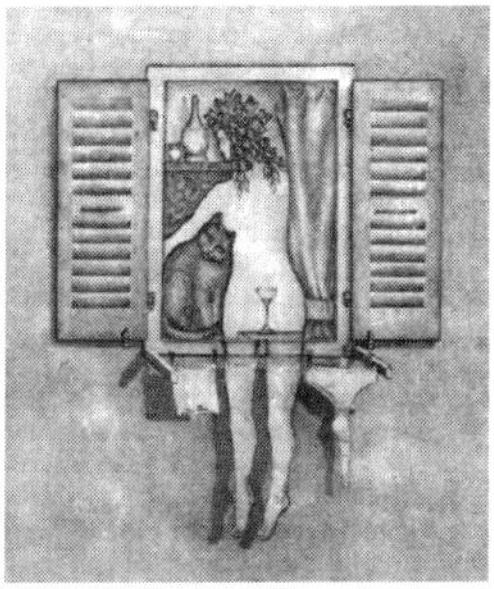	

Hai visto una donna svestita? Ne sei proprio sicuro? Controlla bene e verifica tu stesso se questa «donna osé» è reale o immaginaria e poi vai al capitolo «Le soluzioni» (p. 243).

Perché succede che due persone di fronte alla stessa figura possono avere una reazione opposta? La ragione è che la rappresentazione interiore dipende in modo molto stretto dai filtri. Ogni nostra esperienza è qualcosa che costruiamo, letteralmente, nella nostra mente. Sperimentiamo la realtà in modo indiretto, perché continuamente cancelliamo, distorciamo, generalizziamo e costruiamo. In pratica, come affermano John Grinder e Richard Bandler, i fondatori della **Programmazione Neurolinguistica**, «sperimentiamo la nostra rappresentazione dell'esperienza del territorio e non il territorio stesso»[3].

Dal momento che ignoriamo come stanno esattamente le cose, ma sappiamo soltanto come ce le rappresentiamo, perché non rappresentarcele in modo tale da potenziarle e da potenziare noi stessi e gli altri, anziché limitarci? Nulla è intrinsecamente buono o cattivo. Il valore è come ce lo rappresentiamo. Possiamo rappresentare le cose in modo tale da metterci in uno stato d'animo positivo oppure fare il contrario. Un aneddoto aiuta a capire ancora meglio questi concetti.

Dipende...

C'era una volta, nell'antica Cina, un contadino tanto povero quanto saggio. Il suo unico avere era un vecchio cavallo che utilizzava nei lavori dei campi. Un giorno il cavallo improvvisamente sparì. I vicini di casa si recarono dall'uomo e gli dissero: «Che sfortuna che il tuo unico cavallo sia scomparso!». Il contadino impassibile rispose: «Dipende. Non è detto che questa sia davvero sfortuna». Manco a dirlo, dopo alcuni giorni il contadino vide arrivare il suo cavallo insieme a uno splendido stallone selvaggio. I vicini di casa si recarono allora dall'uomo e gli dissero: «Che fortuna, adesso possiedi due cavalli!». Il vecchio disse ancora: «Dipende. Non è detto che questa sia davvero fortuna!». Il contadino era vedovo e aveva un unico figlio che lavorava nei campi. Cercando di domare il cavallo selvaggio, il ragazzo cadde e si ruppe una gamba. I vicini commentarono: «Che sfortuna! L'unica persona che poteva aiutarti nell'imminente raccolto si è rotto una gamba». Il contadino senza battere ciglio rispose con la solita frase: «Dipende. Non è detto che questa sia sfortuna». Infatti, il giorno dopo, la Cina dichiarò guerra a un paese vicino e tutti i giovani abili vennero arruolati in un conflitto sanguinoso e violento. Uno dei pochi che non partì per la guerra fu proprio il figlio del contadino, grazie proprio alla sua gamba rotta.

Questo aneddoto vuole far emergere il fatto che gli eventi che ci accadono non sono sempre positivi o negativi in assoluto. Ogni situazione può avere un risvolto nascosto che può trasformare una fortuna inaspettata in una preoccupazione o un'apparente disgrazia in un evento favorevole. **Le percezioni hanno carattere creativo**. In altre parole, se percepisci un evento come negativo, sarà questo il messaggio che trasmetterai al tuo cervello, il quale a sua volta produrrà azioni che ne faranno una realtà. Non fissarti, ad esempio, nella convinzione che le tue azioni durante il giorno andranno male: anche solo dicendolo fai sì che la giornata vada davvero in quel modo, in quanto attirerai tutti gli elementi, grandi e piccoli, in grado di arrecarti le condizioni infelici che hai previsto. Come risultato, ti ritroverai a chiederti: «Che succede? Perché mi sta andando tutto storto?».

Usare il cervello per cambiare

È il titolo del libro, attraverso il quale l'autore Richard Bandler, co-fondatore della Programmazione Neurolinguistica, ha voluto dare delle metodologie per aiutarci a controllare i nostri pensieri e condurre una vita più entusiasmante. «Spesso – afferma Bandler – lasciamo che i nostri pensieri ci imprigionino come catene e siamo bravissimi a convincere noi stessi dell'esistenza di problemi di ogni tipo. Tuttavia, dal momento che la maggior parte dei problemi sono generati dalla nostra immaginazione e sono, per l'appunto, immaginari, tutto ciò di cui abbiamo bisogno sono soluzioni immaginarie»[4].

Queste soluzioni immaginarie prendono il nome di **submodalità** (o sottomodalità). Le submodalità sono gli elementi più semplici all'interno dei sistemi rappresentazionali (visivo, uditivo, cinestesico), ossia i modi in cui il cervello ordina e codifica l'esperienza.

Per fare pratica con le submodalità ti propongo il seguente esercizio che ho appreso direttamente da Richard Bandler frequentando i suoi seminari sull'argomento.

Pensa a un momento in cui stavi davvero bene. Rivivi quell'esperienza dentro la tua mente, usa gli occhi e le orecchie ritornando a quell'episodio e rivivi tutte le sensazioni che hai provato in quel momento.

Submodalità visive

Questo ricordo piacevole era a «colori» o in «bianco o nero»? L'immagine era «luminosa» o «scura»? «Ferma» o «in movimento»? «A fuoco» o «sfocata»? «Associata» o «dissociata»? Come era la dimensione dell'immagine? «Grande» o «piccola»? E la distanza? «Vicina» o «lontana»? Ti lascio un po' di tempo per riflettere su queste submodalità visive.

Se desideri aumentare l'intensità di questo ricordo gradevole dovrai rendere ancora più luminose le immagini che hai dentro di te, ingrandirle e aggiungere colore. Hai provato a farlo? Ti senti ancora meglio, non è vero?

Submodalità uditive

Nel rievocare questo ricordo piacevole c'erano delle voci o delle musiche? E com'erano? Da dove provenivano? Il volume era «alto» o «basso»? Il suono era «continuo» o «interrotto»?

Anche in questo caso ti lascio un po' di tempo per pensare al tuo ricordo.

Ora prova a rendere i suoni di questo ricordo ancora più vividi e aumentane il volume. Che cosa succede nella tua mente? Anche in questo caso è molto probabile che la tua sensazione positiva si sia intensificata. E se non ci fossero suoni nel tuo ricordo prova ad aggiungerli, inserendo, ad esempio, la melodia della tua canzone preferita e verifica che cosa succede dentro di te.

Submodalità cinestetiche

Adesso dovrai scoprire da dove provengono le tue sensazioni, in quale parte del tuo corpo si concentrano. Se è una sensazione in «movimento» o «ferma», se è «calda» o «fredda», se è «intensa» o «intermittente». Cerca di scoprire in quale direzione la tua sensazione sta girando. Pensaci un attimo e rivivi tutto quello che ti viene in mente.

Per potenziare il tuo ricordo è sufficiente incominciare a far girare sempre più velocemente la sensazione e così facendo aumenterai la tua sensazione di benessere.

Se hai svolto con passione e divertimento questi esercizi ti stai trovando in un piacevole stato d'animo e, mentre ti trovi in questa splendida condizione mentale, prova a pensare a una situazione futura quando questa sensazione ti potrà tornare utile, e continua a far girare sempre più velocemente tale sensazione in tutto il tuo corpo e non sorprenditi troppo quando ti accorgerai di sentirti sempre meglio per nessun motivo apparente.

Adesso, svolgiamo un altro esercizio. Pensa a qualcuno (cliente, superiore o collega) che ti dà fastidio, ti intimorisce o ti irrita. Visualizza un'immagine mentale di questo individuo che ti guarda esattamente come fa nei momenti in cui ti irrita. Ascoltalo mentre ti dice le parole che normalmente ti infastidiscono e nota dove e come la sensazione negativa si manifesta nel tuo corpo.

Submodalità visive

Questo ricordo spiacevole era a «colori» o in «bianco o nero»? L'immagine era «luminosa» o «scura»? «Ferma» o «in movimento»? «A fuoco» o «sfocata»? «Associata» o «dissociata»? Come era la dimensione dell'immagine? «Grande» o «piccola»? E la distanza? «Vicina» o «lontana»?

Ora prendi questa immagine mentale ed elimina il colore, fino a farne un'immagine in bianco e nero. Allontanala da te e rendila piccola fino a un decimo delle dimensioni originali. Hai svolto questa procedura? Stai incominciando a sentirti meglio?

Submodalità uditive

Nel ricordare questo episodio sgradevole c'erano delle voci o delle musiche? E com'erano? Da dove provenivano? Il volume era «alto» o «basso»? Il suono era «continuo» o «interrotto»? Anche in questo caso ti lascio un po' di tempo per pensare al tuo ricordo.

Per diminuire l'intensità di questo ricordo spiacevole prova a far indossare a quella persona che ti irrita un naso da clown e ascoltala mentre, pur pronunciando le stesse parole di prima, ti parla con la voce di Paperino, Topolino o Gatto Silvestro. Ti viene da ridere? È normale e sono certo che stai per sentirti molto meglio.

Prima di proseguire, distraiti un momento e ossigena il cervello con delle profonde respirazioni. Ora ripensa a quella persona nella situazione in cui ti dava fastidio. La tua sensazione in merito è cambiata? Avverti meno malessere? Sono abbastanza certo che, se hai seguito questa procedura, sarà cambiata la sensazione che provi nei confronti di quell'individuo e soprattutto sei nelle condizioni mentali per affrontarla con più assertività e sicurezza.

Penso che questa breve esperienza sia sufficiente per farti capire quanto efficace sia questa tecnica. Nel giro di pochi istanti, hai reso più forte e più produttiva un'esperienza positiva. E sei stato anche in grado di affrontare un evento spiacevole annullando il potere che aveva su di te. In pratica, si può vivere la propria esistenza in due modi: possiamo lasciare che il nostro cervello continui a funzionare come ha fatto in passato, permettendogli di proiettarci qualsiasi immagine, suono, parola o sensazione in modo da farci stare male; oppure, possiamo scegliere di governare il nostro cervello in modo conscio, avendo la possibilità di infondergli gli stimoli che vogliamo.

Il nostro «motore di ricerca»

Chi usa internet sa quanto sia importante avere un «motore di ricerca». Attraverso di esso, possiamo digitare una parola o una frase che stiamo cercando e, in pochi secondi, il nostro motore di ricerca recupera tutto ciò che riguarda quella parola o frase specifica e ce lo presenta nel nostro video. Allo stesso modo funziona la nostra mente. Il nostro «motore di ricerca» si chiama **SAR** (Sistema di Attivazione Reticolare), termine scientifico con cui si indica la rete di connessioni nervose alla base del cervello che collega il cervello stesso al midollo spinale e filtra le informazioni di carattere sensoriale che arrivano al cervello dal mondo esterno. In pratica, tutto ciò che vediamo, sentiamo, proviamo, assaporiamo o annusiamo passa attraverso questa fitta rete che comunica il segnale o messaggio alla parte del cervello interessata perché lo elabori. Il SAR esamina i dati in entrata e permette solo ad alcune informazioni di penetrare all'interno della nostra consapevolezza. Per esempio, mentre stai leggendo queste righe, potrebbe essere passato un autobus e tu non averlo notato. Oppure, se vivi vicino alla ferrovia, il SAR potrebbe filtrare il suono dei treni che passano ogni venti minuti.

Niente raggiunge la consapevolezza senza prima passare attraverso il SAR. Come risultato, tu vedi solo quello che il tuo filtro ti permette di vedere. Sperimenti unicamente quello che il tuo filtro ti permette di sentire. Questo sistema di filtraggio è situato alla base del cervello e funziona attraverso reazioni elettrochimiche che vanno a costruire una banca dati di ogni esperienza che hai avuto fin dalla tua nascita. Quindi, il tuo SAR è responsabile di quanta realtà sperimenti a livello conscio.

Non hai mai fatto l'esperienza di incominciare a notare, in modo più evidente, l'aspetto o la situazione che in quel momento è più importante per te? Per esempio, supponiamo che ci sia una macchina che ti piace e desideri comprare. Dimmi, adesso, non la noti con maggiore attenzione quando la vedi passare?

Quando incominci a concentrarti su qualcosa, quel qualcosa incomincia a penetrare, tramite il SAR, nella tua mente.

Marci Shimoff, una delle coautrici del libro *The Secret*, ci ricorda che: «Per migliorare le nostre relazioni interpersonali dobbiamo concentrarci non sui difetti dell'altro, ma piuttosto su ciò che scorgiamo di buono e positivo in lui». Anche se in questo momento stai vivendo dei momenti difficili con alcune persone (colleghi, superiori o clienti), puoi ancora rovesciare a tuo favore la situazione. E per farlo, dovrai focalizzarti, per i prossimi trenta giorni, su tutti gli aspetti che apprezzi in quella persona. All'inizio potrà sembrarti difficile, soprattutto se con quella persona non hai nessun feeling, ma col tempo darai una svolta alla tua vita e ti sentirai davvero meglio.

Andare oltre...

Albert Einstein sosteneva che «il nostro pensare crea problemi che non si possono risolvere allo stesso livello di pensiero che li ha generati». In pratica, per trovare una soluzione efficace all'evento negativo, lo spazio soluzione deve essere più ampio dello spazio problema.

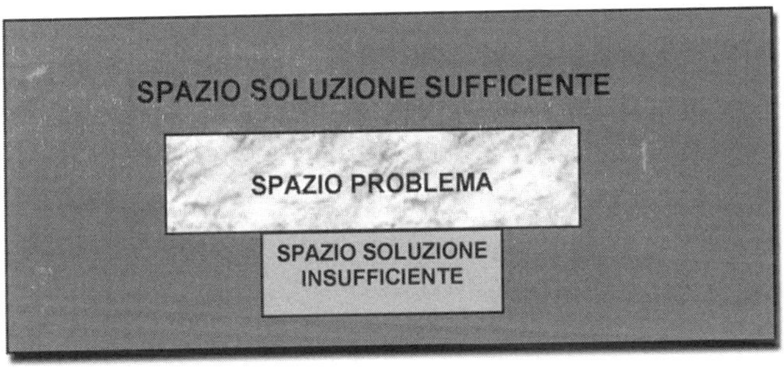

Per ampliare lo spazio soluzione bisogna generare nuove idee, bisogna saper «deragliare» dai percorsi consueti e vedere le cose da punti di vista assolutamente nuovi.

Non puoi scavare un buco in un altro posto continuando a scavare lo stesso buco più profondamente.
Edward de Bono (1933), scrittore maltese, è considerato uno tra le massime autorità nel campo del pensiero creativo.

Il **pensiero laterale** è il modo di pensare più efficace per allargare e arricchire lo spazio soluzione. Con il termine «pensiero laterale», coniato dallo psicologo Edward de Bono, si intende una modalità di risoluzione di problemi logici che prevede un approccio indiretto, ovvero l'osservazione del problema da diverse angolazioni, contrapposta alla tradizionale modalità che prevede la concentrazione su una soluzione diretta al problema.

Mentre il pensiero lineare è verticale e razionale, basato sul rapporto causa-effetto, il pensiero laterale trova parallelismi e analogie tra fenomeni che sembrano molto distanti tra loro. Utilizzare il pensiero laterale è come usare la retromarcia: non si può guidare sempre in retromarcia, ma bisogna saperla usare per uscire da un vicolo cieco!

Il pensiero laterale serve a cambiare concetti e percezioni invece che insistere più profondamente con gli stessi concetti e percezioni.
Edward de Bono

Per sperimentare il pensiero laterale ti propongo un interessante enigma che ti invito a risolvere.

La pazza corsa dei due fantini

C'erano due fantini che amavano sfidarsi per dimostrare chi fosse più bravo. Qualche volta vinceva l'uno e qualche altra volta l'altro. Un giorno uno dei due fantini disse al compagno: «Smettiamo di gareggiare per dimostrare chi di noi possiede il cavallo più veloce. Stavolta vince quello che arriva per ultimo al traguardo! Accetti la sfida?». Il secondo fantino accetta la scommessa. Tuttavia, al momento del via, i fantini balzano sul cavallo e si mettono a correre con la massima velocità e non alla massima lentezza. Perché?

Indizi	
D	Qualcuno aveva drogato i cavalli?
R	No
D	I due fantini erano davvero intenzionati a vincere?
R	Sì
D	Il fantino che ha proposto la sfida aveva in mente qualcosa di strano?
R	Sì
Soluzione	

Se stai avendo delle difficoltà a risolvere questo enigma non sei il solo poiché la maggior parte delle persone a cui è stato sottoposto ha tentato di risolverlo con la logica. Ma la logica non è sempre sufficiente per comprendere il mondo. Anzi, talvolta il pensiero logico ci ingabbia in schemi che ostacolano la nostra visuale, impedendoci di scorgere degli elementi che sono davvero importanti come dimostra, ancora una volta, questo esempio visivo.

Considera la seguente figura e prova a descriverla. Che cosa vedi?

Osserva...	**Descrivi ciò che vedi...**

Molte sono le figure che si possono scorgere: per esempio un edificio, una serie di utensili (un trapano, una morsa ecc.), una freccia messa all'ingiù, una mappa, una paglietta messa in verticale, un mostro, dei profili e via dicendo. E tu che cosa hai visto? Hai per caso letto anche la parola «FLY»?

Sottopongo questo test da molti anni e posso confermare che sono davvero poche le persone che riescono a vedere, all'interno di questa figura, la parola «FLY». E questo accade perché, utilizzando la nostra abituale cornice percettiva, siamo indotti ad aspettarci che le parole siano scritte con inchiostro nero su sfondo bianco, e continueremo a non vedere la parola «FLY» dal momento che, in questo caso, è scritta in bianco su sfondo nero. Per scorgerla, dobbiamo essere sufficientemente elastici da modificare la nostra percezione visiva. Quando anche tu riuscirai a leggere la parola «FLY» proverai un senso di soddisfazione, perché avrai dato nuovi stimoli al tuo cervello[3].

Il potere delle domande

Il modo migliore per controllare il tuo SAR è porti delle domande. Qualunque cosa chiederai, il tuo cervello avrà una risposta; qualunque cosa stai cercando, la troverai. Se, ad esempio, ti domandi: «Come mai questa persona si sta approfittando di me?», ti stai concentrando sul problema e non sulla soluzione, e questo ti farà «rodere il fegato». Se, invece, ti chiedi: «Come posso evitare ciò che fa questa persona nei miei confronti?», avrai una risposta più positiva perché ti stai focalizzando sulla soluzione e non più sul problema.

Le domande sono lo strumento più potente che hai per cambiare la tua percezione e dirigere la tua mente dove vuoi tu. Le domande hanno questi precisi effetti: cambiano immediatamente l'obiettivo sul quale ci concentriamo e, quindi, il modo in cui ci sentiamo.

Per esempio, se sei particolarmente angosciato da un fatto che ti assilla, una delle cose che puoi fare, per cambiare il punto focale è chiederti: «Che cosa posso imparare da questo evento, in modo che non mi succeda più?». Questo è un esempio di domanda di qualità, in quanto ti porterà da una difficoltà attuale alla scoperta di risorse che potranno evitarti la stessa ansia in futuro. Finché ti porrai questa domanda, eliminerai la possibilità che questo problema diventi una realtà.

«L'arte di vedere la foresta là dove gli altri vedono solo un gran numero di alberi»[6]

Di seguito ti propongo un gioco-esercizio ideato dallo psicologo Feuerstein che ti permetterà di verificare le tue potenzialità di concentrazione e attenzione.

Istruzioni. Devi trovare il quadrato e i due triangoli nascosti nelle cinque configurazioni di puntini. Ogni punto appartiene a una sola figura, ma le figure non sono sempre nello stesso ordine e possono anche essere sovrapposte. Tieni presente, infine, che le cinque configurazioni di puntini sono identiche per forma e grandezza a quelle del primo riquadro.

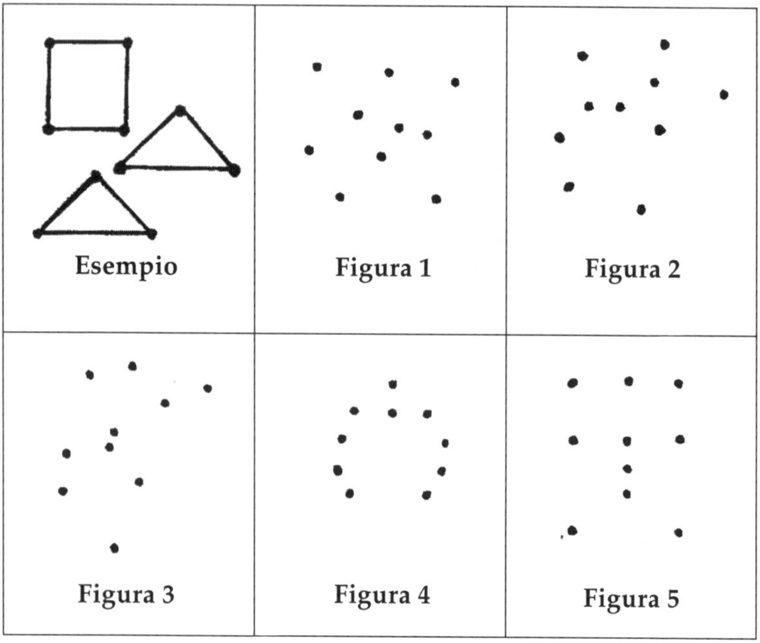

Suggerimenti:

✓ Utilizza una matita, così se dovessi sbagliare puoi facilmente riprovare.
✓ Ti consiglio di incominciare con l'individuare il quadrato e poi i due triangoli.
✓ Per individuare più facilmente le tre figure aiutati girando il libro a destra o a sinistra oppure sottosopra.
✓ Non rimanere statico nella tua posizione, ricordati che stai facendo pratica nell'arte di «vedere la foresta là dove gli altri vedono solo un gran numero di alberi».

Com'è andata? Sei riuscito a svolgere l'esercizio? Per controllare se lo hai svolto correttamente vai a verificare la soluzione che si trova al termine del libro (p. 245).

In questo capitolo hai sperimentato, attraverso diversi giochi ed esercizi, come funziona ed elabora le informazioni la tua mente. Hai imparato anche a dirigere i tuoi pensieri verso un atteggiamento mentale più positivo e produttivo. Adesso è giunto il momento di verificare come gestisci le pressioni dei tuoi superiori o colleghi.

[1] Generalmente il sistema olfattivo e gustativo rientrano nel sistema cinestesico.
[2] Nell'ultimo capitolo dedicato alle soluzioni, troverai la spiegazione per individuare sia il «vecchietto» che il «giovane».
[3] Per maggiori informazioni circa l'origine e il significato della Programmazione Neurolinguistica (PNL) vedi p. 99.
[4] Richard Bandler, *Vivi la vita che desideri con la PNL*, Alessio Roberti, Urgnano 2009.
[5] Nell'ultimo capitolo dedicato alle soluzioni, troverai la spiegazione per individuare la parola «FLY» all'interno di questa figura.
[6] Questa frase è, in realtà, un principio del Pensiero Sistemico secondo il quale scomporre un sistema nelle sue componenti non aiuta a capire come il sistema funzioni davvero. La comprensione profonda delle dinamiche, che influenzano ogni sistema, si può raggiungere solo analizzando il sistema nella sua globalità. Si veda: Peter M. Senge, *La quinta disciplina*, Sperling&Kupfer, Milano 2006.

4

Quattro atteggiamenti di difesa

La buona educazione di un uomo è la miglior difesa contro le cattive maniere altrui.
Lord Chesterfield (1694-1773),
uomo di stato e letterato inglese.

Nei rapporti umani la miglior difesa non è la fuga e nemmeno l'attacco. La migliore strategia è, invece, il dialogo e il confronto reciproco.
Massimo Piovano

Come possiamo resistere a eventuali pressioni di superiori aggressivi o dispotici? Come possiamo farci benvolere anche da chi ci è ostile? Come possiamo migliorare il nostro ambiente di lavoro? Come possiamo smetterla di «roderci il fegato»? La risposta, ovviamente, non è immediata poiché dipende da situazione a situazione, da lavoro a lavoro e da individuo a individuo. E sono queste le ragioni per cui svolgo delle consulenze specifiche.

In ogni caso per comprendere meglio le nostre strategie, Eric Schuler, uno tra i massimi esperti delle tecniche assertive, ci fornisce dei suggerimenti individuando i possibili atteggiamenti che le persone attivano nella propria vita. L'assertività, che verrà definita nel corso di questo capitolo, serve a difendere, fermamente ma senza aggressività i nostri valori e le nostre idee nel rispetto reciproco [1].

La nostra relazione con gli altri dipende inevitabilmente dall'immagine che ci siamo fatti di noi stessi durante la crescita, immagine determinata dall'ambiente nel quale siamo stati educati, dall'atmosfera in cui siamo cresciuti e dai ricordi che di tutto questo conserviamo.

Ognuno di noi agisce in funzione della propria personalità: alcuni tenderanno maggiormente a comportarsi in modo aggressivo e sprezzante, altri invece si dimostreranno simpatici e socievoli.

Ogni relazione interpersonale ha due poli: **l'interesse per gli altri** e il **grado di franchezza nelle relazioni**.

Per meglio comprendere questi atteggiamenti è utile ricorrere alla seguente rappresentazione grafica.

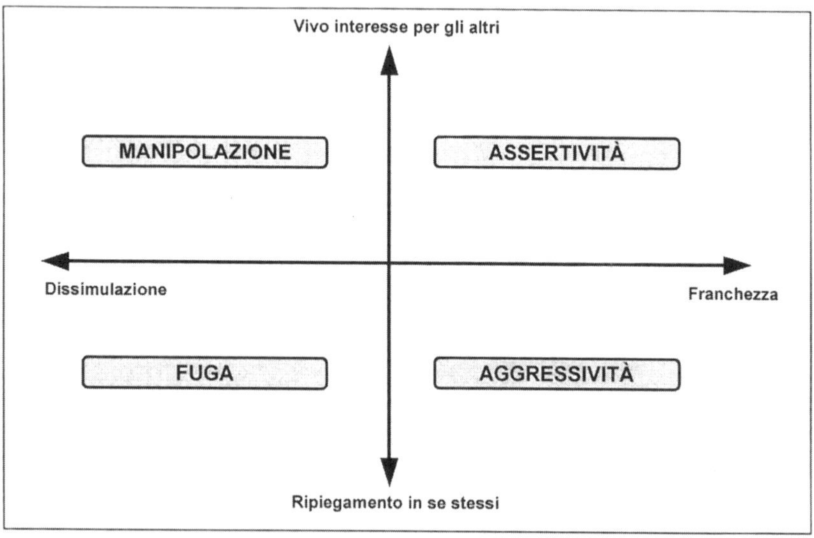

L'asse verticale indica l'**interesse per gli altri**:

- in basso questo interesse è quasi assente: è l'atteggiamento di chi ha scelto la solitudine di chi parla senza mai ascoltare l'altro o di chi non ha molto interesse verso il prossimo. È un atteggiamento di chiusura, di ripiegamento su se stessi, sia per timidezza, sia per eccesso di sicurezza e per incapacità di ascoltare;

• in alto, all'opposto, si trova l'atteggiamento di chi dimostra un interesse verso l'altro. Sono persone che ascoltano con molta attenzione le esigenze altrui, sono disponibili, sociali e aperti.

L'asse orizzontale descrive il **grado di franchezza nelle relazioni**:

• a sinistra abbiamo un atteggiamento di dissimulazione, vale a dire la deliberata decisione di non esprimere le proprie idee o le proprie opinioni personali che si possono avere verso qualcuno o qualcosa, sia per mancanza d'interesse nei confronti dell'interlocutore, sia per timore delle conseguenze prevedibili della franchezza;

• a destra, al contrario, abbiamo l'atteggiamento di franchezza, che consiste nell'esporre con chiarezza e fermezza il proprio pensiero, qualche volta anche senza riflettere sulle conseguenze di questo comportamento. Ci sono, infatti, persone che non possono fare a meno di esporre sempre francamente le loro idee.

Come fa notare Schuler, l'eccesso di ciascuno di questi atteggiamenti può costituire una grave carenza nella comunicazione.

Ripiegarsi completamente su se stessi conduce a un disinteressamento nei confronti dell'altro e a una vita solitaria per disprezzo dei propri simili o per timore del loro giudizio.

Viceversa, l'eccesso di attenzione per gli altri conduce spesso a un atteggiamento vittimistico, di chi, per compiacere agli altri, trascura i propri obiettivi.

La dissimulazione è, invece, il difetto di chi non s'impegna mai, di chi non sa prendere decisioni chiare e coerenti con i propri valori.

L'eccesso di franchezza, infine, può condurre all'aggressività. Situazione questa che impedisce il dialogo e il confronto.

Esaminiamo ora più dettagliatamente i quattro atteggiamenti e, per ciascuno di essi, analizzeremo i comportamenti a essi collegati.

L'atteggiamento aggressivo

Questo atteggiamento è caratterizzato da un elevato livello di franchezza e da una bassa considerazione dell'altro. Il motto dell'aggressivo è: «Io sono il migliore e gli altri non valgono nulla!». Sono coloro che, per non farsi mettere i «piedi in testa», si difendono a spada tratta senza badare agli stati emotivi altrui. Spesso, **questo atteggiamento nasconde in realtà un sentimento di inferiorità e di scarsa autostima**.

Abitualmente, questi individui non si considerano mai i responsabili delle proprie azioni, ma rivolgono le proprie accuse contro gli altri. Ecco semplificati alcuni tratti di questo atteggiamento:

✓ essere irascibili per cose anche futili e banali;

✓ non accettare la sconfitta e trovare mille scuse per giustificare i propri sbagli;

✓ essere ostili verso tutto e tutti, senza giustificare le proprie ragioni;

✓ intolleranza ed eccessivo nervosismo verso il prossimo (il cliente, ad esempio dà fastidio perché «chiede»);

✓ scarsa assunzione di responsabilità (la colpa è degli altri);

✓ concentrazione sugli obiettivi immediati, piuttosto che su obiettivi di lungo periodo (è meglio un uovo oggi che una gallina domani);
✓ molta attenzione ai propri diritti e ben poca ai propri doveri;
✓ mancanza di ascolto e di umiltà (quello che mi viene detto lo so già);
✓ generalizzare con facilità mancando di obiettività nell'esprimere pareri o valutazioni;
✓ difficoltà ad accettare il parere altrui (nessuno mi può giudicare!);
✓ difficoltà ad accettare direttive e ordini.

Queste sono solo alcune delle difficoltà che si possono presentare durante i tuoi rapporti interpersonali. In ogni caso, non è detto che, per essere aggressivi, sia necessario che tu possieda tutti questi aspetti deficitari. È sufficiente possederne tre o quattro! A questo proposito verifica tu stesso quali di questi atteggiamenti pensi di possedere ed evidenziali.

Chi ha ragione rida e non vada in collera.
Conte di Rivarol (1753-1801),
scrittore e giornalista francese.

L'atteggiamento manipolativo

Il secondo approccio è denominato manipolativo. È caratteristico di coloro che non prendono mai una posizione netta. Non si schierano e se devono affermare qualcosa lo fanno, spesso, quando non possono essere uditi dai diretti interessati. Sono, sicuramente, persone intelligenti ma scaltre e dissimulatrici che fanno carriera a spese dei loro colleghi. Tuttavia, come recita il proverbio «le bugie hanno le gambe corte!» e, per questo motivo, quando vengono scoperte, perdono la loro credibilità.

Sono individui disfattisti in cui prevale l'abbandono e la disperazione. Il loro motto è: «Mai fidarsi degli altri!». Ecco altre caratteristiche di questo atteggiamento:

✓ fatalismo (un giorno sarà diverso!);
✓ pessimismo (le cose non miglioreranno mai!);
✓ nascondere informazioni importanti per sfruttare gli altri;
✓ chiedere ma non dare;
✓ comunicare poco e in modo lacunoso;
✓ non esprimere le proprie opinioni;
✓ non prendere mai posizione;
✓ cambiare spesso opinioni (andare dove tira il vento);
✓ mancanza di fiducia verso il prossimo;
✓ fare da sé senza coinvolgere gli altri.

È sufficiente avere dentro di sé alcuni di questi tratti per apparire talvolta un po' manipolativi. Anche in questo evidenzia i tratti che ti contraddistinguono.

Per sapere la verità bisogna
ascoltare due bugiardi.
(Proverbio)

L'atteggiamento arrendevole o di fuga

La persona che ha questo tipo di comportamento si reputa inferiore agli altri e tende a sottovalutarsi. Totalmente sprovvista di fiducia in se stessa, è caratterizzata dalla dipendenza, dalla sottomissione e dall'accondiscendenza.

Rifugge le contraddizioni per ricercare solo le situazioni che non presentano problemi.

Sono coloro che subiscono gli eventi, che si sono dati per vinti, che non hanno più il desiderio di partecipare attivamente alla vita lavorativa né di avere alcuna responsabilità.

Il loro scopo è arrivare tranquillamente alla pensione. Questo tipo di atteggiamento l'ho rilevato soprattutto tra la popolazione femminile e, paradossalmente, tra i giovani apprendisti che hanno appena incominciato la loro attività lavorativa. Sono davvero molte le persone che lavorano principalmente per pagare le bollette o soddisfare le proprie esigenze, senza provare nessuna soddisfazione per ciò che svolgono.

Di seguito elenco alcuni tratti di questo atteggiamento:

✓ essere eccessivamente ansiosi;

✓ molta difficoltà a individuare il vero significato del proprio lavoro;

✓ maggiore interesse verso i valori-mezzo (stipendio, orario, ferie, permessi), piuttosto che sui valori-fine (crescita professionale, soddisfazione del proprio operato);

✓ attenzione verso le mansioni che già si sanno fare o che piacciono e trascurare le altre attività magari altrettanto importanti e urgenti ma che piacciono meno o che non si sanno fare;

✓ desiderio ostinato dell'approvazione altrui;

✓ fuga davanti alle prime difficoltà;

✓ ricerca di giustificazione sul proprio operato senza proporre soluzioni.

In quante di queste caratteristiche ti riconosci? Anche in questo caso è sufficiente possederne un paio per risultare, talvolta, un po' arrendevoli.

Lo scoraggiamento è la scusa degli imbecilli.
Max Weber (1864-1920), considerato uno dei padri della moderna sociologia e scienza politica.

L'atteggiamento assertivo

«Sono OK con me stesso e sono OK con gli altri»: è quello che dice chi vede la vita in modo realistico, positivo e concreto. La persona si sente totalmente a proprio agio e pienamente realizzata, indipendentemente dal contesto. Essere assertivi vuol dire affermare le proprie idee, senza però essere autoritari, minacciosi o arroganti. La persona assertiva sa di avere qualcosa di importante da dire ed è per questo che chi l'ascolta la percepisce affidabile, determinata ed esperta. È assertivo chi è capace di congratularsi, di criticare, di accettare critiche e complimenti senza imbarazzi, chi si prende la piena responsabilità delle proprie azioni e delle proprie decisioni, chi modella la propria vita come vuole senza subire le pressioni dell'ambiente circostante.

L'atteggiamento di questa persona di fronte a una difficoltà è: «Accetto me, accetto l'altro, qual è il problema? Risolviamolo!»[2].

Anche per questo atteggiamento indichiamo alcune caratteristiche:
✓ dare evidenza ai fatti e non alle opinioni;
✓ comunicare in modo preciso;
✓ accettare il punto di vista altrui;
✓ non giudicare a priori il proprio interlocutore;
✓ non colpevolizzare se stessi o gli altri;
✓ ascoltare gli altri, ma decidere in modo autonomo;

✓ non permettere che gli altri ci manipolino;
✓ non pretendere che gli altri si comportino come fa piacere a noi;
✓ valutare le situazioni in modo adeguato.

Sia il vostro parlare sì, sì, no, no;
il di più viene dal maligno.
(Mt 5,37)

Ciascuno di noi tende a privilegiare un proprio modo di relazionarsi anche se tale strategia non è immutabile e può persino variare in rapporto ai diversi contesti in cui interagiamo. Un individuo, ad esempio, può avere un atteggiamento «aggressivo» nell'ambiente professionale, considerando incapaci tutti i suoi collaboratori, e nello stesso tempo avere un atteggiamento «arrendevole o di fuga» nell'ambiente familiare. È il caso, ad esempio, di una donna che s'impegna con successo nel proprio lavoro e che si reputa superiore alle colleghe ma che, sposata con un importante industriale, si considera inferiore e complessata nell'ambiente domestico. Questa persona non è completamente negativa, ma non si può neppure considerare pienamente realizzata. In questo caso, il mio scopo come consulente e formatore, avrebbe l'obiettivo di farle prendere coscienza di ciò che non funziona nella sua vita, aiutandola a bilanciare gli aspetti più importanti della sua esistenza.

E tu, che atteggiamento preferisci? Scoprilo attraverso il seguente test.

Test: «Quanto sei assertivo?»

Istruzioni. Rispondi in modo ponderato a ciascuna domanda tenendo conto che le valutazioni sono:
[0] = Non saprei.
[1] = No, mi sarebbe molto difficile.
[2] = Sì, ma mi richiederebbe uno sforzo.
[3] = Sì, senza nessuna difficoltà.

Domande	Punteggio
1) Se un tuo collega tradisce la tua fiducia, gli dici esattamente quello che provi?	[0] [1] [2] [3]
2) Se un tuo collega a cui hai prestato, ad esempio, 10 euro sembra dimenticare che deve restituirtele, glielo fai presente?	[0] [1] [2] [3]
3) Se un tuo superiore continua a infastidirti, sai manifestargli il tuo disappunto?	[0] [1] [2] [3]
4) In ufficio, se qualche tuo collega tiene aperta la finestra e ciò ti causa fastidio, gli chiedi di chiuderla?	[0] [1] [2] [3]
5) Se un tuo superiore prende l'abitudine di telefonarti abbastanza tardi ogni sera, gli dici di non chiamarti dopo una certa ora?	[0] [1] [2] [3]
6) Se un tuo fornitore è approssimativo nel soddisfare le tue richieste, insisti per ottenere ciò che ti interessa?	[0] [1] [2] [3]
7) Se in una riunione hai un'opinione diversa da quella di un superiore o di un collega hai il coraggio di affermare il tuo disappunto?	[0] [1] [2] [3]

Domande	Punteggio
8) Se ti accorgi di aver sbagliato nei confronti di un tuo collega o superiore, hai il coraggio di chiedere scusa?	[0] [1] [2] [3]
9) Se un tuo cliente si comporta in modo maleducato, glielo fai presente?	[0] [1] [2] [3]
10) Ti giunge notizia che un tuo collega parla male di te: vai direttamente da lui per chiarire la situazione?	[0] [1] [2] [3]
11) Se qualche tuo collega si mostra offeso per qualcosa che tu gli hai detto con buone intenzioni, affronti l'argomento per chiarire il tuo punto di vista?	[0] [1] [2] [3]
12) Un tuo collega che generalmente è molto impreciso in ciò che svolge, ti consegna un lavoro difficile che temevi di dover rifare, ma che è, invece, impeccabile; glielo dici?	[0] [1] [2] [3]
13) I colleghi della tua azienda hanno deciso di aderire a uno sciopero che tu non consideri giusto. Dirai loro che tu non aderirai allo sciopero?	[0] [1] [2] [3]
14) Un tuo collega ti propone di pranzare con lui al ristorante; ma è la fine del mese e non puoi permettertelo. Glielo dici?	[0] [1] [2] [3]
15) Un tuo superiore ti chiede di fare un'ora di straordinario senza preavviso, scombinandoti così il programma della giornata. Glielo fai notare?	[0] [1] [2] [3]

Domande	Punteggio
16) Un tuo collega si lamenta continuamente (del tempo, della salute, dei «capi», del lavoro e dello stipendio) e questo atteggiamento ti irrita molto. Glielo dici?	[0] [1] [2] [3]
17) La direzione ti invita per un corso di aggiornamento in un campo che non ti interessa. Glielo fai presente?	[0] [1] [2] [3]
18) Il tuo capo ha fatto, per l'ennesima volta, osservazioni sulla tua vita privata che ritieni fuori luogo, gli dici quello che pensi?	[0] [1] [2] [3]
19) C'è un tuo collega che arriva puntualmente in ritardo e questo provoca una brutta nomea al tuo ufficio. Glielo dici?	[0] [1] [2] [3]
20) Un tuo superiore ti raggiunge spesso alla macchinetta del caffè, ma non ha mai moneta. Riesci a dirglielo?	[0] [1] [2] [3]

Risultati. Somma i punteggi che hai ottenuto: il totale può variare da 0 a 60. **Sono punteggi considerati buoni quelli che si trovano fra 45 e 55**.

In caso di **punteggi inferiori a 45** il rimedio che ti consiglio è un cambiamento progressivo di atteggiamento per passare dal più completo isolamento a un minimo d'interesse per gli altri e per il tuo lavoro. Per raggiungere questo obiettivo il miglior modo consiste nel ricercare nel tuo ambiente lavorativo dei colleghi che sembrino condividere alcuni dei tuoi valori e preoccupazioni e di allacciare con essi una relazione amichevole. Questa iniziativa ti porterà, in seguito, ad affrontare con più sicurezza i rapporti con le persone più ostili. Inoltre, è opportuno che ti chiedi:

«Quanto mi costerà, emotivamente, fisicamente, finanziariamente, non abbandonare questa mia paura?»; oppure: «Quanto costerà alla mia famiglia, ai miei rapporti interpersonali, alle persone a cui voglio bene, non abbandonare questo mio atteggiamento?». Ti ricordo, inoltre, che lo scopo di questo manuale è di aiutarti a farti benvolere e a non soccombere contro chi ti è ostile.

Qualora, invece, il tuo **punteggio fosse superiore a 55**, è probabile che ci sia una confusione fra assertività e aggressività. Forse, quello che consideri essere un comportamento assertivo è percepito dagli altri come un comportamento aggressivo. È importante ricordarsi che l'assertività comporta due parti importanti: una parte d'ascolto, d'attenzione, dedicata all'altro per comprendere bene il suo punto di vista; una parte relativa all'espressione, per riuscire a spiegare al nostro interlocutore, chiunque esso sia, la nostra posizione e fargliela egualmente ammettere e rispettare.

In ogni caso, per migliorarti ti consiglio di evidenziare le risposte alle quali hai dato un punteggio basso («0» o «1»).

Queste considerazioni ci introducono verso un modello di comunicazione davvero efficace che ti permetterà di migliorare le tue qualità relazionali.

[1] Eric Schuler, *Le tecniche assertive*, Franco Angeli, Milano 2003.

[2] Per approfondire quest'argomento si veda: Eric Berne, *A che gioco giochiamo?*, Bompiani, Milano 2008.

5

Le «cinque C» della Pentacomunicazione®

Ci vogliono due anni per imparare a parlare e il resto della vita per imparare a comunicare con efficacia.

Massimo Piovano

Non temere mai di dire cose insensate. Ma ascoltale bene, quando le dici.

Ludwig Wittgenstein (1889-1951),
filosofo austriaco.

Ho elaborato il modello della *Pentacomunicazione®* per permettere a chiunque di migliorare e potenziare le proprie competenze comunicative. Viviamo nell'era delle comunicazioni. Chi, nei giorni nostri, non possiede, ad esempio, una radio, un televisore, un telefonino o una connessione a internet? Eppure, nonostante i numerosi mezzi di comunicazione, la maggior parte delle persone si sente insoddisfatta del proprio modo di comunicare. E questo accade perché non si comunica soltanto parlando, ma anche ascoltando, stando in silenzio, con la mimica del volto, con il corpo, con le mani, in modo consapevole e non, attraverso la parte razionale ma anche con quella emozionale.

Perché è così importante saper comunicare bene? Per rispondere a questo interrogativo è sufficiente che ti ponga la seguente domanda: «In quanti compiti inutili, errori, fraintendimenti, malumori sei incorso, ultimamente, nel tuo lavoro?». Se la risposta a questa domanda è «spesso» l'applicazione della *Pentacomunicazione*® fa al caso tuo.

Se, infatti, fossimo sicuri che gli altri capissero esattamente ciò che vorremmo comunicare, non avremmo bisogno di nessun metodo o modello per migliorare la nostra comunicazione. Tuttavia, la mole di conflitti verbali, incomprensioni, fraintendimenti, persone che se la prendono, che non si parlano più, che litigano... questi aspetti ci fanno pensare che tutti possono comunicare, ma non tutti sanno capire e farsi capire. Da ciò deriva che **saper comunicare è un'arte che si può imparare**. E per apprenderla dobbiamo, innanzitutto, domandarci: «Sono gli altri che non ci capiscono oppure siamo noi che non ci facciamo capire?». Questa è la domanda alla quale sto cercando di rispondere da molti anni e la *Pentacomunicazione*® è la risposta a questa domanda [1].

Le origini della Pentacomunicazione®

Questo nuovo modello di comunicazione, da me registrato nel 2006 [2], trae la sua forza da un'integrazione di varie discipline tra le quali:

- ✓ la **psicologia**: la disciplina che studia i comportamenti degli individui e i loro processi mentali;
- ✓ la **semiotica** (dal greco *semeion* «segno»): studio di ogni tipo di segno, sia esso linguistico, visivo, gestuale ecc. prodotto in base a un codice accettato e condiviso socialmente;
- ✓ la **retorica** (dal greco *rhetoriké téchne*, «arte del dire»): è

l'arte di saper presentare argomenti in modo convincente e persuasivo;

✓ la **Programmazione Neurolinguistica (PNL)**: la PNL nasce negli anni '70 negli Stati Uniti per opera del matematico Richard Bandler e del linguista John Grinder, i quali hanno realizzato dei modelli per comunicare meglio con se stessi e con gli altri. La parola **programmazione** si riferisce alle strategie di pensiero e di comportamento che seguiamo per produrre risultati specifici. Il termine **neuro** indica l'attività neuronale che utilizziamo per applicare tali strategie. La parola **linguistica** si riferisce, invece, al modo con il quale comunichiamo con noi stessi e con gli altri;

✓ il **pensiero sistemico**: scienza derivante dagli studi del dott. Peter M. Senge che studia le relazioni tra i sistemi;

✓ le **tecniche assertive** (dal latino *ad serere* «condurre a sé»): ovvero l'attitudine, in qualsiasi situazione, a definire chiaramente la propria posizione, a renderla nota, a difenderla senza aggressività, accettando posizioni differenti;

✓ le **tecniche di empatia** (dal greco *empatheia* «sentirsi dentro»): ovverosia la capacità di mettersi nei panni dell'interlocutore per meglio comprenderlo.

La *Pentacomunicazione®* rappresenta quanto di più innovativo ci sia oggi nell'ambito delle tecniche di comunicazione. Questo perché, per la prima volta, viene sviluppato un modello grazie al quale queste diverse metodologie convergono in un'unica struttura, rendendolo un'esperienza indelebile e avvincente.

Sono ormai in molti ad aver sperimentato questo modello[3] e lo puoi fare anche tu sia attraverso la lettura dei miei articoli o libri che nei miei corsi dal vivo. In ogni caso, per comprenderne meglio i cinque elementi è importante conoscere la struttura grafica della *Pentacomunicazione®*.

La struttura grafica della Pentacomunicazione®

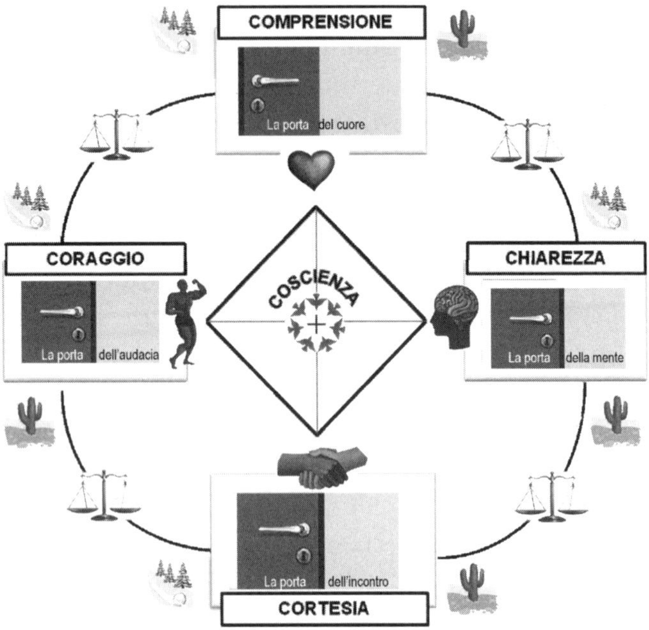

In questa particolare struttura possiamo osservare che:

✓ c'è una precisa simbologia (spiegata nel paragrafo successivo);

✓ c'è una precisa collocazione spaziale tale da formare un rombo con quattro punti cardinali che convergono al centro;

✓ le cinque dimensioni della *Pentacomunicazione®* formano una figura circolare;

✓ queste cinque dimensioni fanno parte di un unico sistema;

✓ ciascuna dimensione, pur essendo a sé stante, è interconnessa l'una con l'altra. Le «Cinque C» sono tra di loro tutte legate, e non potrebbero essere comprese le une senza le altre.

Per comunicare efficacemente è importante:
✓ avere le «giuste» chiavi per aprire le «giuste» stanze;
✓ essere consapevoli che ciascuna comunicazione che emettiamo o che riceviamo passa attraverso queste cinque stanze o dimensioni.

Analizziamo ora il significato della struttura grafica della *Pentacomunicazione*®.

La simbologia della Pentacomunicazione®

Icona	Simbolo	Significato
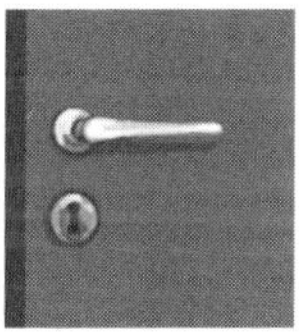	Una maniglia collocata in una porta.	È il simbolo della porta ed è situato in ciascun polo della figura geometrica del rombo. La porta può essere: «aperta», «troppo aperta» o «chiusa». Senza la chiave giusta non si può accedere a nessuna stanza o dimensione.
	Un cuore.	Indica la porta del cuore, ovvero la dimensione della comprensione.

Icona	Simbolo	Significato
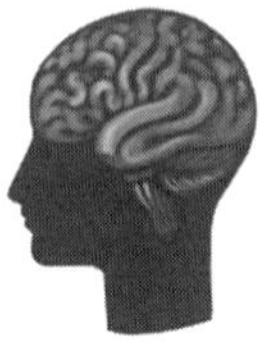	Un cervello all'interno di una testa.	Indica la porta della mente, ovvero la dimensione della chiarezza.
	Due mani che si stringono.	Indica la porta dell'incontro, ovvero la dimensione della cortesia.
	Un corpo muscoloso.	Indica la porta dell'audacia (o fisicità), ovvero la dimensione del coraggio.
	Una croce circondata da colombe o una stella a sette punte, se vi focalizzate sul bianco della figura.	Indica la coscienza, ovvero la dimensione spirituale.
	Una palla di neve che rotola lungo un pendio.	Questo simbolo, situato in ciascun polo della figura geometrica del rombo, indica l'«effetto valanga», ovvero l'esagerazione. In questo caso, la porta è «troppo aperta».

Icona	Simbolo	Significato
	Un cactus collocato in un deserto.	Questo simbolo, situato in ciascun polo della figura geometrica del rombo, indica l'«effetto aridità», ovvero la mancanza. In questo caso, la porta è «chiusa».
	Una bilancia.	Questo simbolo, situato tra una dimensione e l'altra, indica l'«equilibrio». L'«effetto valanga» e l'«effetto aridità» sono contrapposti dall'«equilibrio» della bilancia. In questo caso, la porta è «aperta».
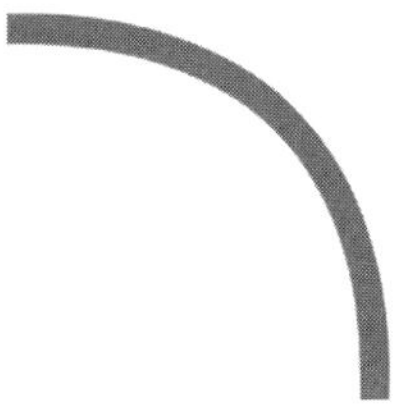	Un arco.	Indica l'interconnessione fra gli elementi della comunicazione. Il risultato di questa interconnessione è una forma circolare. Questo perché il processo comunicativo è qualcosa che non ha né un inizio e né una fine precisa.

È giunto ora il momento di approfondire le «Cinque C» della *Pentacomunicazione*®.

Eccomi intento a spiegare il modello della Pentacomunicazione®

Comprendere vuol dire avere la capacità di sentirsi con il proprio cuore dentro al cuore del nostro interlocutore, per cercare di capire quali sensazioni susciterà in lui la nostra comunicazione.

La massima comprensione è quella **empatica** e indica la capacità di mettersi nei panni dell'interlocutore per meglio comprenderlo. L'empatia è una forma di **sensibilità**; una persona empatica sente e comprende l'altro.

CHIAVE D'ACCESSO DELLA COMPRENSIONE: LA SENSIBILITÀ

Un esempio è utile per comprendere meglio questo concetto.

Stefano è stato incaricato di montare lo stand della sua ditta in un'esposizione che aprirà lunedì mattina. È, dunque, consapevole che dovrà lavorare la domenica.

Luca, uno dei suoi colleghi, nei giorni scorsi si era offerto di dargli una mano. Pertanto Stefano gli telefona per ricordarglielo: «Ti chiamo perché ti eri offerto di aiutarmi quando ti ho parlato del montaggio dello stand. Inizierò domenica verso le 10. A che ora posso passarti a prendere?».

E Luca risponde così: «Sono spiacente, ma il momento è il meno adatto. Michela è partita per il week-end per motivi di lavoro e io mi trovo con mia figlia Giulia di pochi anni ammalata. La bambina ha una forte febbre e non so cosa fare. Oltretutto mia moglie non mi ha lasciato il numero di telefono del pediatra e io non so proprio a chi rivolgermi. Non avresti nella tua agenda il nome di un buon pediatra?».

Se Stefano avrà ascoltato empaticamente, si sarà reso conto che il problema di Luca è più serio del suo e quindi sarebbe inopportuno e sciocco insistere.

L'atteggiamento più pentacomunicativo è dunque proseguire la conversazione sul suo problema e aiutarlo a trovare una soluzione piuttosto che continuare dal nostro punto di vista.

All'inizio di questo libro ti ho chiesto di disegnarti la lettera «Q» sulla fronte[4]. Te lo ricordi? Se non hai ancora svolto questo test, ti prego di provvedere subito. Usando l'indice della tua mano dominante, traccia una «Q» maiuscola sopra gli occhi.

Sottopongo da molti anni questo divertente test e la maggioranza delle persone tende a scrivere la lettera «Q» sul lato destro della fronte. In questo modo la possono leggere loro, ma non gli altri. Una minoranza, invece, la scrive con la coda verso sinistra, in modo da farla leggere a chi sta loro di fronte.

Questo rapido test consente una misurazione approssimativa del nostro livello di empatia, ovvero la **capacità di mettersi dal punto di vista dell'altro**. Chi possiede questa dote tende a disegnare la «Q» in maniera da renderla leggibile agli altri. Chi non la possiede tende a tracciarla al contrario.

Gli individui che hanno una buona competenza empatica si preoccupano di come gli altri li vedono. Si sentono a loro agio di fronte a persone sconosciute, fanno amicizie facilmente, sanno adattare il loro comportamento alla situazione con la quale si trovano a interagire. Tuttavia, costoro sono anche degli ottimi «bugiardi». Al contrario, le persone con scarsa empatia sono più abitudinarie e appaiono «sempre uguali» anche in circostanze diverse. Il loro agire è guidato soprattutto dai loro valori ed emozioni interiori e sono meno consapevoli dell'impatto che hanno su chi li circonda. Nella vita tendono a mentire meno anche perché sono meno abili a farlo.

Se desideriamo migliorare il nostro livello di comprensione, è necessario imparare ad ascoltare meglio e con più attenzione il nostro interlocutore. Questo vuol dire, ad esempio, non prestare solamente attenzione al «contenuto» di ciò che viene trasmesso, ma anche agli aspetti emotivi espressi dall'altro.

E tu che ascoltatore sei? Per saperlo svolgi il seguente esercizio sulla «gestione del tempo».

Test: che ascoltatore sei?

Istruzioni: prendi una penna, un foglio di carta e un orologio con la lancetta dei secondi o un cronometro. Se non hai questi oggetti non puoi svolgere correttamente il test. Hai 2 minuti per completare l'esercizio in ogni sua parte. Mi raccomando, non barare.

1) Prima di fare qualsiasi cosa, leggi attentamente ogni punto di questa esercitazione.
2) Scrivi il tuo nome nell'angolo a destra dello spazio qui a fianco.
3) Sottolinea il tuo nome che hai appena scritto.
4) Disegna otto quadrati nell'angolo in alto a sinistra del foglio.
5) In ciascun quadrato che hai appena disegnato inscrivi un cerchio.
6) Traccia una X su ognuno dei cerchi.
7) Scrivi sul tuo foglio la frase: «Sono a circa un terzo della mia esercitazione».
8) Utilizzando soltanto il foglio e la penna in tuo possesso, moltiplica 324x47.
9) Controlla l'orologio: se è già trascorso più di un minuto, sei in ritardo!
10) Disegna, sempre nello spazio qui a fianco, un triangolo equilatero.
12) Somma 4370+8185 e scrivi il risultato qui a fianco.
13) Traccia un circoletto attorno alla somma appena effettuata.

14) Scrivi sempre qui a fianco: «Ho quasi terminato la mia esercitazione. Probabilmente ce la farò!».
15) Scrivi il giorno e la data odierna.
16) Ora che hai terminato di leggere con attenzione tutti i punti di questa esercitazione, esegui soltanto l'istruzione n. 2.

Allo scadere del tempo, anche se non hai finito, puoi leggere le conclusioni relative a questa esercitazione sulla «gestione del tempo» che troverai nel capitolo «Le soluzioni» (p. 243).

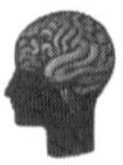

LA PORTA DELLA MENTE OVVERO LA DIMENSIONE DELLA CHIAREZZA

Se troppo...	Se c'è il giusto equilibrio...	Se poco...
Pecchiamo di una minuziosità esasperante. Usiamo troppi tecnicismi. Rischiamo di apparire pesanti e noiosi. È l'individuo pignolo.	Facciamo ragionamenti comprensibili basati su presupposti comuni e condivisi. Utilizziamo un linguaggio chiaro e comprensibile per chi ci sta di fronte. Appariamo persone attendibili, ordinate e interessanti.	Facciamo ragionamenti confusi, ambigui e non condivisi, che creano frustrazione e isolamento. È l'individuo approssimativo.

Per chiarezza s'intende essere ordinati in ciò che si dice e usare un linguaggio semplice che si adatti al nostro interlocutore. La retorica antica classificava questo aspetto della comunicazione con il termine *logos*, per indicarne la parte logica e l'aspetto raziocinante. Nella struttura grafica della *Pentacomunicazione*® la chiarezza è simboleggiata, non a caso, dalla porta della mente.

La chiarezza, naturalmente, è relativa alla persona che ascolta: infatti ciò che è semplice o chiaro per un individuo può risultare complesso per un altro. Il compito più difficile per chi comunica un messaggio è, infatti, quello di comporlo in modo tale che le parole utilizzate riflettano accuratamente ciò che s'intende dire e, allo stesso tempo, siano vicine alla struttura psicologica, culturale e professionale dell'interlocutore. Se, per esempio, tu sei abbastanza competente di computer mentre un tuo collega non lo è, e quest'ultimo ti chiede un consiglio su che cosa acquistare e tu incominci a parlargli di gigabyte e ram, sarà molto difficile che costui ti segua nel ragionamento.

**CHIAVE D'ACCESSO DELLA CHIAREZZA:
LA SEMPLICITÀ**

Molte persone incontrano difficoltà a esprimere non soltanto ciò che provano, ma anche ciò che vogliono effettivamente dire. Ciò si verifica ogni qual volta si pensa che gli altri debbano **capire automaticamente** ciò che si vuole esprimere, dal momento che viene applicata l'equazione: «Se è chiaro per me allora deve "automaticamente" essere chiaro anche per gli altri».

Questa modalità del dare per assodati contenuti, informazioni, opinioni e in generale «pezzi di realtà» è certamente uno degli ostacoli maggiori nella comunicazione.

Ancora una volta un esempio può essere utile per capire.

Daniele, capo officina di un'importante azienda metalmeccanica, siede alla scrivania e telefona a un collega, Davide, un responsabile del montaggio.

– Daniele: «Davide, potresti farmi un favore?».
– Davide: «Certamente, di che cosa si tratta?».
– Daniele: «Duccio si è appena dato per malato e per questo non potrà presiedere alla riunione con il nostro più importante cliente. Tuttavia, mi ha assicurato di aver completato le procedure di qualità delle quali ho assoluta necessità e di averle lasciate sulla sua scrivania. Potresti, per cortesia, andare a prenderle. Lo farei io stesso, ma sono in attesa di un'importante telefonata».
– Davide: «Nessun problema, te le porto io. È l'unica cosa che ti serve sulla scrivania?».
– Daniele: «Sì, ma fai in fretta perché la riunione sarà fra poche ore».
– Davide: «Va bene. Sarò da te fra pochi minuti con quello che mi hai richiesto».
– Daniele: «Grazie Davide, ti aspetto».
(Dopo pochi minuti Davide bussa all'ufficio di Daniele con i documenti da lui richiesti).
– Davide: «Ho avuto un po' di problemi a trovarli... ma eccoli qui».
– Daniele: «Fammi dare un'occhiata. Ma non sono questi. Mi hai portato le procedure qualità di Tecnoprint, mentre io volevo quelle di Airvoice. Ti avevo anche detto che era il nostro più importante cliente!».
– Davide: «Mi dispiace, pensavo...» (mentre sta parlando, viene interrotto da Daniele).
– Daniele: «La riunione è fra un'ora e io non so cosa dire al cliente. Quindi riporta indietro questi documenti e riportami quelli corretti!».
– Davide: «Ok. E scusami ancora».

Se hai letto con attenzione il seguente aneddoto, ti sarai reso conto che fra Daniele e Davide si è instaurata una comunicazione scadente. A tuo avviso di chi è la colpa? Di Daniele o di Davide? La risposta è: di entrambi. In effetti, Daniele, che sapeva benissimo a quale cliente e a quali procedure Duccio stesse lavorando, aveva semplicemente pensato (dato per scontato) che Davide capisse automaticamente cosa egli intendesse dire con «procedure di qualità» e «cliente più importante». Non aveva valutato che era necessario chiarire meglio il significato del suo messaggio.

D'altra parte, anche Davide aveva dato per scontate delle informazioni che scontate non erano compiendo l'errore di non fare domande.

Di seguito, analizziamo alcune strategie che ti aiuteranno a potenziare la tua chiarezza.

Seguire la giusta sequenza comunicativa

Il problema critico della comunicazione è passare da «che cosa si vuole dire» a «come dirlo». Per comunicare in modo efficace devi essere tu, per primo, a capire esattamente ciò che vuoi esprimere. La nostra più grande difficoltà, infatti, deriva spesso dal fatto che, più facciamo fatica a esternare un messaggio difficile o da noi giudicato tale, più tendiamo ad annegarlo in un «mare» di parole che lo rendono incomprensibile, quando vorremmo agire proprio nel modo contrario.

Chi comunica dovrebbe usare meno parole possibili per esporre le proprie idee. Ricordati, a questo proposito, che **semplicità di linguaggio ed economia di parole facilitano la chiarezza nella comunicazione**. Più le parole risulteranno semplici più facilmente verranno capite e comprese. Per rendere efficace e precisa la comunicazione occorre che tu ti metta nei panni di chi riceverà il tuo messaggio.

Non hai veramente capito qualcosa fino a quando non sei in grado di spiegarla a tua nonna.
Albert Einstein

Ciò che è importante è sempre la chiarezza di pensiero e di espressione. Gli americani dicono, a questo proposito: «Un messaggio, un'idea», per ricordare che è meglio e più efficace sviluppare un'idea per volta. È consigliabile, quindi, aiutare il nostro interlocutore evitandogli il sovraccarico di informazioni. Infatti, quando a una persona è richiesto di comprendere troppe nozioni tenderà a dimenticarne qualcuna. È importante, pertanto, che ti ricordi che **il primo e l'ultimo concetto da te espressi sono sempre quelli che verranno più probabilmente ricordati**. Assicurati, perciò, di dire quello che vuoi che la persona si ricordi meglio all'inizio o alla fine della conversazione.

Non tralasciare nulla

Per comunicare con maggior successo, devi ricordarti di fornire tutte le possibili informazioni, in questo modo la tua comunicazione oltre che essere più completa sarà anche più interessante. Ricordati che le informazioni che non dovrebbero mai mancare, a seconda del tipo di messaggio che intendi veicolare, sono:

Persone	➔	**Chi (Who)**
Cose	➔	**Cosa (What)**
Luoghi	➔	**Dove (Where)**
Informazioni	➔	**Perché (Why)**
Tempo	➔	**Quando (When)**
Come	➔	**Attività (How)**

La tecnica della «SuperDomanda» ovvero come superare i fraintendimenti comunicativi

Spesso nella comunicazione si tralasciano molte informazioni o, peggio, si danno per scontati molti dati che scontati non sono. La precisione nella comunicazione è, invece, fondamentale. Non bisogna tralasciare nulla e, soprattutto, non dare mai niente per scontato.

Quando John Grinder e Richard Bandler, i co-fondatori della Programmazione Neurolinguistica, hanno studiato e analizzato le persone di successo, hanno constatato che avevano molte caratteristiche in comune e che una delle principali era la capacità di comunicare con precisione. I manager, i docenti, i terapeuti, i coach, da loro studiati, avevano la straordinaria capacità di selezionare le informazioni che necessitavano e di trasferirle ai propri collaboratori con tale enfasi e precisione da spronarli a dare il massimo.

Ho avuto modo di apprendere, direttamente da John Grinder, uno tra i massimi studiosi di linguistica a livello mondiale, la tecnica della SuperDomanda (SuperQuestion) che rappresenta un'evoluzione del metamodello[5]. Vediamo di che cosa si tratta.

Spesso la comunicazione che avviene fra le persone è superficiale. E ciò può generare confusione, fraintendimenti e malumori. **Lo scopo della SuperDomanda è quello di raccogliere il massimo di informazioni possibili per evitare e superare i blocchi comunicativi**.

Prima di entrare nello specifico dell'utilizzo delle SuperDomande, devi imparare a individuare il momento della conversazione in cui desideri impiegarle. I momenti in cui l'utilizzo di una SuperDomanda può risolvere un blocco intervenuto nella comunicazione sono, generalmente, tre:

a) quando l'affermazione dell'interlocutore fornisce troppo poche informazioni;
b) quando essa sembra contenere regole, limitazioni o generalizzazioni;
c) quando essa suggerisce una visione distorta della realtà.

Espressioni vaghe

Le SuperDomande che seguono sono dirette a ricavare informazioni precise sui termini utilizzati.

Esempi:

– AFFERMAZIONE: «Sto andando dal cliente».
– SUPERDOMANDA: «Da quale cliente stai andando esattamente?».
– AFFERMAZIONE: «Vorrei un nuovo lavoro».
– SUPERDOMANDA: «Quale nello specifico?».

Verbi imprecisi

Le SuperDomande che seguono recuperano informazioni specifiche sul modo in cui il nostro interlocutore ha usato un dato verbo.

Esempi:
– AFFERMAZIONE: «Il mio capo mi ha stancato».
– SUPERDOMANDA: «Che cosa in particolare ti ha stancato di lui?».
– AFFERMAZIONE: «Sono terrorizzato».
– SUPERDOMANDA: «Che cosa esattamente ti terrorizza?».

Verbi trasformati in sostantivi astratti

Questo processo di trasformazione si chiama nominalizzazione. In queste situazioni i nomi utilizzati possono significare qualcosa per chi parla ma assai poco per chi ascolta.

Esempi:
– AFFERMAZIONE: «Voglio un riconoscimento».
– SUPERDOMANDA: «In che modo, precisamente, vuoi essere riconosciuto?».
– AFFERMAZIONE: «La mia collega mi annoia».
– SUPERDOMANDA: «In che modo specificatamente la tua collega ti annoia?».

Confronti non espliciti

Le SuperDomande che seguono individuano il termine di confronto implicito della comparazione appena effettuata.

Esempi:
– AFFERMAZIONE: «Vorrei avere una formazione migliore».
– SUPERDOMANDA: «Una formazione migliore rispetto a quale?».
– AFFERMAZIONE: «Questa strategia è poco efficace».
– SUPERDOMANDA: «Poco efficace confrontata a che cosa?».

Generalizzazioni

La generalizzazione è un meccanismo trasformazionale attraverso il quale una specifica esperienza giunge a rappresentare l'intera categoria alla quale appartiene. Parole come «tutti», «nessuno», «sempre», «mai», dimostrano certezze assolute da parte di chi parla. Attraverso la SuperDomanda chiediamo a chi parla se è a conoscenza di qualche contraddizione nel suo modello del mondo. In questo modo lo si induce a trovare esempi diversi da quelli riportati e a spiegare l'origine delle proprie certezze.

Esempi:

– AFFERMAZIONE: «Il mio capo non mi ha mai fatto un complimento».

– SUPERDOMANDA: «Sei proprio sicuro? Proprio mai mai? Nemmeno una volta?».

– AFFERMAZIONE: «Non vi è niente da aggiungere».

– SUPERDOMANDA: «Proprio niente? Come fai a saperlo?».

Regole apparenti e limitazioni (devo, non devo, posso, non posso, voglio, non voglio)

Se qualcuno ti dice che non può fare una determina cosa, qual è il segnale che invia al suo cervello? Un segnale limitante, che in effetti gli rende impossibile fare quella particolare cosa. Chiedere «perché» non sortirebbe alcun effetto, poiché l'interlocutore ti potrebbe fornire una serie di valide ragioni per difendere la sua scelta. Il modo di rompere questo circolo vizioso consiste nel chiedere: «Che cosa accadrebbe se tu fossi capace di farlo?». Porre questa domanda offre una possibilità di cui prima gli individui non erano consapevoli e li induce a considerare nuove opportunità.

Lo stesso procedimento è applicabile al dialogo interno. Quando ti capita di dirti: «Questo non posso farlo», chiediti subito: «Che cosa accadrebbe se io fossi in grado di farlo?».

La risposta sarà un elenco di azioni e sentimenti positivi, produttivi, creando così nuove rappresentazioni di possibilità; quindi nuovi stati d'animo, nuove azioni e potenzialmente nuovi risultati. Il semplice fatto di porre a te stesso quella domanda, comincerà a cambiare la tua fisiologia e il tuo modo di pensare, conferendoti nuove possibilità.
– AFFERMAZIONE: «Non devi fare così».
– SUPERDOMANDA: «Che cosa accadrebbe se lo facessi?».
– AFFERMAZIONE: «Non posso farlo».
– SUPERDOMANDA: «Capisco la tua difficoltà, ma che cosa esattamente ti impedisce di farlo?».

Il pensiero dell'interlocutore distorce la realtà

Le SuperDomande che seguono esaminano e cercano di ridurre le distorsioni nel modo di percepire il mondo da parte dell'interlocutore. Per esempio, si verifica una distorsione quando si assume una relazione automatica fra A e B; o si omette di specificare la fonte dell'affermazione o del giudizio di valore, della regola o dell'opinione espressa; oppure quando si presume di conoscere il pensiero o il sentimento di un altro; o ancora se si presume che l'azione di un individuo possa causare la reazione emotiva di un altro, invece che semplicemente favorirla.

Esempi:
– AFFERMAZIONE: «È sbagliato pensare così».
– SUPERDOMANDA: «Come fai a sapere che è sbagliato?».
– AFFERMAZIONE: «Non capisci cosa sto dicendo».
– SUPERDOMANDA: «Che cosa ti fa credere che...?».

Un po' di cautela...

Tutte le SuperDomande che abbiamo riportato possono avere l'effetto di allarmare l'interlocutore. Gli stai chiedendo di vedere le cose in una prospettiva nuova o diversa, eventualità, questa, difficile o irritante, almeno per alcuni. Per questo motivo, prima di ricorrere alla SuperDomanda, pensa con calma alle tue motivazioni chiedendoti: «L'utilizzo di questa domanda potrà chiarire la nostra comunicazione?». Se le parole utilizzate dall'interlocutore sono irrilevanti rispetto all'esito del dialogo, non darti il disturbo di ricorrere alla tecnica della SuperDomanda.

Le SuperDomande vanno utilizzate, dunque, con cautela perché possono generare delle difficoltà in chi le riceve. Se ad esempio il tuo capo, a una tua richiesta di permesso, ti rispondesse così: «Mi dispiace ma lei non può avere nessuna giornata di permesso» e se tu rispondessi: «Che cosa accadrebbe se me la prendessi lo stesso?», rischieresti di fare andare su tutte le furie il tuo capo senza ottenere alcun vantaggio!

A questo proposito è molto più efficace chiedere: «Che cosa dovrebbe accadere perché io abbia quel giorno di premesso?» oppure: «Che cosa le impedisce di concedermelo?».

Ricordiamoci sempre che la comunicazione non è statistica ma sempre dinamica. Nelle interazioni umane, la sicurezza, il comfort di un ordine radicato e omogeneo non esistono. **Chi ha la pretesa di volere standardizzare la comunicazione relegandola a cliché, in realtà non sta comunicando efficacemente**.

Quando avrai sviluppato sufficienti abilità nell'eseguire la tecnica della SuperDomanda e le avrai applicate un po' a livello inconscio, potrai cominciare a osservare quali segnali ti facciano pensare di aver imparato a distinguere con successo l'utilizzo che i tuoi interlocutori fanno del linguaggio e il momento opportuno per ricorrere a una SuperDomanda.

Passiamo adesso alla dimensione della cortesia.

LA PORTA DELL'INCONTRO OVVERO LA DIMENSIONE DELLA CORTESIA

Se troppo...	Se c'è il giusto equilibrio...	Se poco...
Diamo più importanza alla forma che alla sostanza. È l'individuo mellifluo.	Siamo educati e rispettosi verso il prossimo. Curiamo la nostra immagine e ci teniamo a fare sempre bella figura. Sappiamo entrare in sintonia con la persona con la quale ci relazioniamo.	Diamo un'immagine di volgarità e di sfrontatezza. È l'individuo sgarbato.

Per «cortesia» intendiamo il rispetto delle forme di educazione altrui senza incappare nel conformismo o nel formalismo. A questo proposito ricordiamoci che **con le persone le piccole cose diventano le grandi cose**. Come disse Madre Teresa di Calcutta: «Pochi di noi possono fare grandi cose, ma tutti noi possiamo fare piccole cose con grande amore». Sono, quindi, piccole cose che diventano grandi cose:

- ricordare i nomi delle persone con le quali ti relazioni;
- far sentire il tuo interlocutore importante per te;
- complimentarti per lavori svolti bene;
- comunicare con il sorriso;
- usare la «cortesia» nei tuoi modi di fare;
- utilizzare espressioni cortesi come: «grazie», «per cortesia», «come ti posso aiutare» ecc.

CHIAVE D'ACCESSO DELLA CORTESIA: LA GENTILEZZA

Espressioni magiche

Esistono delle espressioni che, se usate in modo sincero e costante, ti permetteranno di ottenere, nella maggior parte dei casi, tutto ciò che vuoi. Ecco alcuni esempi di queste espressioni magiche: «Grazie...»; «Per favore...»; «Scusami se ti chiedo questo favore...»; «Vorresti essere così gentile da...»; «Come ti posso aiutare?».

È sorprendente constatare come queste espressioni possano, davvero, fare la differenza anche nel mondo del lavoro. Così come l'olio impedisce agli ingranaggi di un motore di stridere e fare attrito, così queste piccole frasi contribuiscono a far funzionare senza scosse l'andamento della vita quotidiana e sono anche segno di buona educazione.

Una parola gentile può riscaldare
tre lunghi mesi d'inverno.
(Proverbio giapponese)

Hai mai notato cosa accade quando dici qualcosa di gentile a qualcuno, come: «Che bella camicia hai quest'oggi!» o «Hai fatto un ottimo lavoro» o ancora «Grazie per avermi aiutato in questo lavoro»? Indipendentemente da ciò che sta accadendo in quel momento, chi riceve queste parole si ravviva: il volto s'illumina, su di esso appare un sorriso e l'intera persona sembra essersi tolta dalle spalle il peso del mondo intero, anche se soltanto per un momento.

Ecco che cosa mi ha detto a questo proposito un'allieva che lavora come cassiera in un supermercato: «Non riuscivo a spiegarmi come mai una vecchietta sempre molto gentile facesse la fila per pagare la sua spesa alla mia cassa anche quando le altre erano meno affollate. Un giorno mi disse il perché: "Vede signorina lei ha un sorriso che mi scalda il cuore!". Non dimenticherò mai quelle parole».

Le parole gentili sotto forma di apprezzamento, di lode e di ammirazione sono il regalo più a buon mercato che possiate fare; eppure sono preziose quanto l'oro. Perciò, non essere avaro di parole gentili, poiché per la Legge dell'Attrazione più offrirai complimenti e lodi agli altri e più queste cose torneranno a te.

Rispettare il prossimo

Questo vuol dire applicare la regola più importante che esista al mondo, trasmessa da tutte le culture, religioni e filosofie del mondo, ovvero: «Fate agli altri quello che vorreste fosse fatto a voi».

Come? Quando? Dove si dovrebbe applicare questa regola aurea? La risposta è semplice: sempre e ovunque.

Questo è un punto sul quale insisto in particolare durante i miei corsi di formazione sull'argomento. Dobbiamo essere noi i primi a cambiare lo stile di leadership non appena ne abbiamo la possibilità. Mi ricordo quando facevo il militare e i «nonni» (cioè coloro che avevano più anzianità di me) mi chiamavano «rospo» e me ne facevano di tutti i colori. In realtà, dopo poco tempo smisero perché gli ero «simpatico». Ma che cosa avvenne quando io stesso divenni «nonno» nei confronti delle nuove reclute? Pensi, forse, che mi sia vendicato degli sgarbi che a mia volta avevo ricevuto? Assolutamente no! E quando intrapresi la mia carriera didattica, pensate forse che il mio stile fosse quello dei miei vecchi professori del liceo? Assolutamente no! È davvero importante che ciascuno di noi s'impegni a fare la differenza, solo in questo modo possiamo migliorare il nostro ambiente lavorativo.

Approfondiamo ora la dimensione del «coraggio».

LA PORTA DELL'AUDACIA OVVERO LA DIMENSIONE DEL CORAGGIO

Se troppo...	Se c'è il giusto equilibrio...	Se poco...
Siamo eccessivamente aggressivi, rischiando di ferire l'altro. È l'individuo prepotente.	Comunichiamo in modo assertivo affermando le nostre idee, senza però essere autoritari, minacciosi o arroganti. In questo modo diamo l'impressione di essere persone affidabili, determinate, esperte, carismatiche.	Siamo timidi. Non sappiamo valorizzare la nostra personalità. È l'individuo timido ed insicuro.

La quarta dimensione comunicativa della *Pentacomunicazione*® è rappresentata dal coraggio. La massima espressione di coraggio è l'**assertività**. La parola assertività deriva dal latino *ad serere* e significa «condurre a sé». **Essere assertivi vuol dire affermare le proprie idee, senza però essere autoritari, minacciosi o arroganti**.

CHIAVE D'ACCESSO DEL CORAGGIO: OSARE

Abbiamo già avuto modo di approfondire il tema dell'assertività nel capitolo «Quattro atteggiamenti di difesa» ed è davvero molto importante che tu sviluppi questa dimensione comunicativa perché ti aiuterà a:

✓ saper dire «no» con il giusto tono;
✓ accettare un rifiuto;
✓ saper fare una richiesta d'aiuto;
✓ esprimere un critica costruttiva.

Saper dire «no» con il giusto tono

Supponiamo che entri nel tuo ufficio una tua collega e ti chieda di passarle la tua relazione che hai preparato con molta cura e che devi consegnare al tuo capo il giorno seguente. Anche lei è impegnata nel progetto e temi che possa servirsi del tuo lavoro per fare bella figura. Come reagisci? Hai il coraggio di dire «no» alla sua richiesta? E se, invece, hai il coraggio di dirglielo, come glielo dici? Con quale tono? Di seguito ti elenco alcune possibili risposte, scegli quella che secondo te è la più assertiva.
a) «No, mi dispiace ma non l'ho ancora finita».
b)«Non puoi chiederla all'altro nostro collega?».
c) «Mi piacerebbe proprio farti questo favore ma non posso proprio farlo… sai com'è…».
d)«No, non intendo consegnarti la mia relazione alla quale ho lavorato con impegno e cura».

Tra queste risposte solamente l'ultima è quella assertiva. Tutte le altre sono troppo aggressive o manipolative e lasciano all'altro la possibilità di insistere ed eventualmente farti cambiare idea.

Sono certo che durante la tua giornata lavorativa avrai molte volte il desiderio di dire «no» a molte richieste che ritieni inopportune. Ma la domanda che ti rivolgo è: «Ma quante volte lo fai?». Una cosa ti posso dire per certo: **la stima e il rispetto che acquisirai nel tuo ambiente lavorativo è direttamente proporzionale alla tua capacità di sa-**

per dire no. Attenzione però. Se dici impulsivamente «no», per poi dire «ni» e infine «sì» dimostrerai di avere poco carisma e coraggio. Perciò pensaci molto bene prima di dire «no», ma quando lo avrai fatto sii coerente con la tua posizione costi quel che costi.

Saper fare una richiesta di aiuto

Come mai molte volte non otteniamo i risultati a cui aspiriamo? La risposta deriva dal fatto che, spesso, non sappiamo come chiedere. È, invece, fondamentale saper domandare con intelligenza e precisione se si desidera ottenere i risultati voluti.

Di seguito approfondiamo alcune strategie per imparare a chiedere in modo persuasivo.

1) Chiedi con coerente convinzione. La maniera più sicura per ottenere un rifiuto è quello di dare un'impressione di incoerenza in ciò che si domanda. Se vuoi invece suscitare nel prossimo sicurezza, devi farlo con la massima convinzione e coerenza. Le parole devono essere coerenti con il tuo corpo e la tua voce.

2) Scegli il giusto tono. Innanzitutto, è importante che ti eserciti ad avanzare richieste con un tono di voce non esigente. In presenza di un tono esigente, infatti, e per quanto cortesi potranno essere le tue parole, tutto ciò che il tuo interlocutore percepirà è che tu non lo stai comprendendo e valorizzando.

3) Scegli il giusto momento. La scelta del momento è essenziale. Quando formuli una richiesta verifica che il tuo interlocutore sia nelle condizioni fisiche e psicologiche per ascoltarti, altrimenti rimanda la tua richiesta in un momento più adatto.

4) Spiega le motivazioni della tua richiesta. Quando fai una richiesta spiega sempre al tuo interlocutore le ragioni per cui deve assecondarti.

5) Utilizza un approccio diretto. Uno degli errori più comuni che si commettono nel chiedere aiuto è l'utilizzo dei verbi al condizionale. Generalmente usiamo i verbi condizionali come «potresti» per apparire più cortesi ed educati. Tuttavia sono espressioni poco assertive e falsamente cortesi; abituiamoci, invece, a eliminare i «potresti» e a coniugare, là dove è possibile, i verbi al tempo presente. Per usare la dimensione della cortesia, all'interno delle tue espressioni, è sufficiente utilizzare parole gentili come «per favore», «per cortesia», «grazie» ecc. Per essere ancora più chiaro ti faccio qualche esempio.

Frase demotivante	Frase più motivante
Potresti, per cortesia, farmi questo lavoro?	Mi fai, per cortesia, questo lavoro?
Potresti andare tu alla riunione di oggi?	Se vai tu alla riunione di oggi mi fai veramente una grande cortesia.
Potresti aiutarmi a spostare questa sedia?	Mi aiuti a spostare questa sedia per favore?

Se hai bisogno di aiuto, fallo in modo diretto, esplicito, chiaro e conciso. Ricordati, infatti, che le richieste indirette sono demotivanti. La tabella che segue ti dà alcuni esempi per impratichirti sull'uso del linguaggio diretto.

Linguaggio indiretto	Linguaggio diretto
Bisogna andare dal commercialista a ritirare i libri paga.	Vai tu a prendere i libri paga dal commercialista?
Le fotocopie sono rimaste in reception.	Ti dispiace andare a prendere le fotocopie alla reception?
La posta non è ancora stata ritirata.	Vai tu a ritirare la posta per cortesia?

6) Il silenzio assertivo. L'arte del chiedere in modo assertivo consiste nel restare in silenzio dopo avere avanzato una richiesta. Finché resterai zitto, avrai la possibilità di assicurarti un assenso. Rompendo il silenzio, perderai potere.

Facciamo un esempio.

– Interlocutore A: «Oggi pomeriggio, te ne occupi tu di svuotare i cestini della carta?».

– Interlocutore B: «Non ho tempo, puoi farlo tu?».

Invece di cedere subito dicendo: «D'accordo», rimani in silenzio, resta in attesa e accetta il fatto che il tuo interlocutore si stia opponendo non a te ma alla tua richiesta. Facciamo un esempio:

– Interlocutore A: «Vado di fretta anch'io. E poi per due giorni di seguito l'ho fatto io. Ci pensi tu, per favore?». Poi resta in silenzio.

Probabilmente l'interlocutore B, incomincerà a borbottare e lamentarsi. Tu, limitati ad ascoltare e restare in silenzio. Alla fine, nove volte su dieci, dirà di sì e tu avrai conseguito il tuo obiettivo.

Accettare un rifiuto

Spesso sono tali l'imbarazzo e la paura di ricevere un rifiuto che molti non osano neanche prendere l'iniziativa per esprimere ciò che davvero pensano. Tuttavia è molto importante che tu impari ad accettare un «no» da parte di un tuo cliente, un tuo collega o un tuo superiore. Così come tu hai il diritto di dire «no», anche il tuo prossimo può fare altrettanto e non per questo devi rimanerci male o peggio ancora non osare formulare le tue richieste.

Facciamo un esempio. Sei stato da poco assunto con un contratto di apprendistato e ti rimane una settimana di ferie da prendere e vorresti farle per Ferragosto, anche se sai che molti altri tuoi colleghi più «anziani» di te faranno la tua stessa richiesta. Sai, tuttavia, che i tuoi superiori ti stimano e ti apprezzano per il tuo lavoro. Hai il coraggio di formulare in modo assertivo al tuo capo la tua richiesta? Hai anche previsto l'ipotesi di ricevere un «no» alla tua domanda? E, in questo caso, sarai in grado di gestire questo eventuale rifiuto in modo positivo senza provare rancore verso il tuo superiore o verso i tuoi colleghi?

Esprimere una critica costruttiva

L'assertività serve anche a sviluppare la nostra abilità a fare critiche costruttive, senza aggressività. È opportuno affrontare faccia a faccia e al più presto ogni conflitto o situazione difficile. Più si rimanda e più aggressività viene accumulata nei confronti dell'altro e più faticoso sarà comunicare in modo assertivo. Questa, non a caso, è una delle abilità più difficili da sviluppare perché, spesso, abbiamo paura di affrontare una comunicazione diretta, faccia a faccia, con la persona in questione. Dirò di più. Nella maggior parte dei casi si critica quando l'altro non ci può sentire. Facciamo un esempio.

> Mario si rivolge a Anna: «Hai visto come Piero arriva sempre in ritardo e non gli dicono nulla; mentre a me basta che esca cinque minuti prima e me ne dicono di tutti i colori?».
> Anna risponde a Mario: «È proprio vero, più dai in quest'azienda e meno sei riconosciuto. Io stessa la scorsa settimana ho chiesto un giorno di permesso e me ne sono sentita dire di cotte e di crude; mentre a Giovanna gliele danno tutte vinte. Forse perché è sempre molto "dolce" con il nostro capo ufficio».

Questa comunicazione potrebbe andare ancora avanti indisturbata in quanto le persone nominate sono assenti e non si possono difendere. Eppure, come rileva Covey: «Un modo per sviluppare il proprio coraggio è quello di essere, innanzitutto, leali verso quelli che non sono presenti. Così facendo, vi costruirete la fiducia di quelli che sono presenti. Quando si difendono gli assenti, si mantiene la fiducia dei presenti» [6].

Quali sono i motivi per cui molte persone non avanzano critiche in modo diretto? Le ragioni possono essere:
✓ paura di «ritorsioni» (e se poi me la fanno pagare?);
✓ inutile preoccuparsi o perdere tempo, intanto le cose non le cambierò di certo io;
✓ chi sono io per esprimere il mio disappunto?

Eppure un'organizzazione che abbia cura della propria crescita e del proprio sviluppo deve avere il coraggio di favorire un clima lavorativo nel quale ci sia la possibilità di esprimersi liberamente fra tutti i livelli.

Ricordo di aver svolto tempo fa una sessione formativa presso un'importante azienda di costruzioni meccaniche, e il responsabile dell'officina mi chiese espressamente di addestrare il suo personale a comunicare nelle seguenti situazioni:

✓ la persona arriva sistematicamente o molto spesso in ritardo;

✓ la persona, pur di non entrare in officina in ritardo, prima marca il cartellino, poi torna negli spogliatoi a cambiarsi;

✓ la persona elude le regole della sicurezza, non indossa le scarpe antinfortunistiche, non indossa le cinture di sicurezza durante l'uso dei muletti, non indossa gli occhiali ecc.;

Sono stati due giorni full immersion molto interessanti che hanno prodotto ottimi risultati. Ecco alcune strategie che puoi adottare anche tu per esprimere con il giusto tono i tuoi feedback.

1) Le critiche che fai pongono l'individuo sulla difensiva. Le critiche pongono, generalmente, le persone sulla difensiva e le inducono a cercare giustificazioni; inoltre, possono ferire l'orgoglio della persona e possono suscitare risentimento.

Tuttavia, se metterai in pratica i consigli che seguono, ci saranno ottime probabilità di raggiungere un consenso reciproco.

2) Verifica il tuo feedback. Prima di esprimere le tue considerazioni, è opportuno, innanzitutto, verificare tutti i fatti in questione per evitare di dare la colpa a chi non se lo merita. In pratica, accertati di persona dei fatti senza fidarti troppo di ciò che ti raccontano gli altri.

3) Esamina le tue sensazioni. Come ti senti relativamente alla questione che devi affrontare? Sei arrabbiato? Ti senti tradito? Hai intenzioni vendicative? Se la risposta ad alcune di queste domande è affermativa, allora quasi sicuramente il tuo atteggiamento sarà percepito come punitivo. Calmati e riconsidera il tuo approccio prima di procedere. Quando il tuo intento sarà invece quello di migliorare la prestazione lavorativa o risolvere una situazione negativa, allora la tua critica avrà maggiori chance di essere accettata.
4) Scegli il momento giusto. In alcuni casi è opportuno comunicare il proprio feedback immediatamente, quando l'azione è ancora fresca, anche se ci potrebbe essere il rischio di essere troppo precipitosi; oppure dopo un po' di tempo, questo ti permette di calmarti ed esprimere le tue considerazioni in modo più pacato.
5) Scegli il luogo giusto. L'errore più grave che potresti commettere è quello di esprimere le tue considerazioni in presenza di altre persone. Comunica sempre il tuo feedback in un luogo sicuro al riparo da occhi od orecchi indiscreti.
6) Condanna il gesto, non chi l'ha fatto. Depreca il peccato, non il peccatore. Sii critico relativamente all'azione svolta, non verso chi l'ha effettuata. Descrivi ciò che è successo e non ciò che la persona ha fatto. Puoi ottenere risultati positivi attaccando il comportamento delle persone, ma non avrai risultati attaccando le persone direttamente.
7) Esprimi solo fatti oggettivi. Le tue prime parole dovrebbero possibilmente esprimere solo l'oggettività dei fatti. Se, ad esempio, un tuo collega continua ad arrivare in ritardo, non dire: «Come mai tu devi sempre arrivare in ritardo?», ma piuttosto: «Questa è la terza volta di seguito che arrivi con 15 minuti di ritardo».
8) Usa il pronome personale «tu» (o «lei») con parsimonia. Se la prima parola che esce dalla tua bocca è «tu», «il

tuo» (oppure, se c'è un rapporto formale, «lei», «il suo»), la critica che esprimerai andrà direttamente ad attaccare la persona piuttosto che il suo agire («Se tu fossi più gentile con i clienti molti di essi non si lamenterebbero»).

Prima di fare una critica esercitati a esporla senza usare «tu» o «lei». In alternativa il pronome «io» o «noi» possono dare una buona partenza alla tua prima frase («Vedo che spesso i clienti lamentano che siamo un po' scortesi nei loro confronti. Perché avviene questo secondo te?»).

9) Chiarisci che cosa si doveva fare esattamente. Può accadere che la persona in questione non si renda effettivamente conto della problematicità causata dalla sua condotta. Per esempio, se hai appena assistito a una scena in cui un tuo collega appena assunto ha risposto in modo poco esaustivo a un cliente, potresti dire: «Quando un cliente non riceve risposte sufficientemente chiare, ci sono meno probabilità di concludere la vendita».

10) Fai delle domande. Quando inizi a esporre il tuo feedback devi dare la possibilità al tuo interlocutore di spiegarti qualsiasi cosa di cui tu non sia a conoscenza riguardo lo svolgimento dei fatti. Se ti senti in collera, prima di dire parole di cui ti pentiresti, devi fare alcune domande. Potrebbe succedere infatti che la persona in questione ti racconti il susseguirsi di alcune circostanze attenuanti, in modo tale da fermarti prima che tu possa aggiungere altro.

11) Cerca di ottenere un impegno affinché la cosa non si ripeta più. A questo proposito fai in modo che sia la persona stessa a suggerire un rimedio chiedendogli: «Cosa è necessario per evitare che questo succeda di nuovo?»; oppure: «Cosa posso fare per aiutarti a evitare questo risultato in futuro?». Quando ricevi una risposta che ti soddisfa, allora cerca di ottenere un accordo con la persona in questione. Insisti finché non ti senti dire: «Si, lo farò». Espressioni del tipo: «Ci proverò», «ci posso provare» o «farò del mio meglio» non esprimono un impegno convinto.

12) Congratulati. Non perdere l'occasione di congratularti con la persona oggetto del tuo feedback qualora ci sia stato un miglioramento. Se invece il problema persiste, riconsidera la situazione con l'aiuto della lista precedente ma con maggiore urgenza e gravità.

Analizziamo adesso l'ultima dimensione comunicativa della *Pentacomunicazione*®: la **coscienza**; ovvero la nostra forza morale, la nostra correttezza e onestà.

LA COSCIENZA

Se troppo...	Se c'è il giusto equilibrio...	Se poco...
Siamo eccessivamente rigidi e fanatici. È l'individuo fazioso.	Siamo coerenti, corretti, sinceri, degni di fiducia e di rispetto.	Siamo apatici, ambigui, indolenti. Conduciamo una vita senza morale e senza ideali. È l'individuo disonesto.

La coscienza è il nostro nucleo, il nostro centro, la nostra anima. Ciascuno di noi rivela la propria coscienza che è la nostra parte più intima e più nascosta attraverso gli altri quattro elementi della *Pentacomunicazione*®. Ecco perché la coscienza è il collante, il cemento che tiene assieme tutti i mattoni della *Pentacomunicazione*®: la comprensione, la chiarezza, la cortesia e il coraggio.

Dal punto di vista comunicativo questo aspetto indica il nostro *ethos* (termine greco che significa «etica, condotta»), ovvero: la nostra credibilità personale; la nostra reputazione; la fiducia che gli altri hanno nella nostra integrità e competenza. L'*ethos* è ciò che fa di te un individuo affidabile, determinato, esperto, sincero e credibile. Per Aristotele l'*ethos* era la «forza morale dell'oratore». Pensa, ad esempio, alla figura storica e umana di Mahatma Gandhi, che ha espresso l'importanza della coerenza nella frase: «Siate il cambiamento che volete vedere negli altri». Credi che sarebbe ugualmente riuscito nel suo intento di mobilitare milioni di persone per rendere l'India indipendente dall'Inghilterra senza ricorrere alla violenza, se si fosse dimostrato lui stesso un individuo violento e arrogante? I leader di successo sanno bene che un comportamento congruente vale più di mille parole!

CHIAVE D'ACCESSO DELLA COSCIENZA: L'ONESTÀ

L'etica negli affari

Un ragazzo chiese al padre: «Papà, che cos'è l'etica?».

Il padre rispose: «Te lo spiegherò con un esempio. Alcuni giorni fa una cliente venne nel nostro negozio. Mi diede un biglietto da cento euro, pensando che fossero cinquanta. Anch'io pensai che fossero cinquanta euro e le diedi il resto adeguato a tale cifra. Più tardi mi accorsi che avevo incassato un biglietto da cento euro al posto di cinquanta euro. Ora l'etica, caro figliolo, è: "Devo dirlo al mio socio?"».

La coscienza è davvero una dimensione molto importante che ha diversi risvolti sociali, psicologici e relazionali che meriterebbero davvero di essere approfonditi; in questo libro, però, mi preme insistere particolarmente su tre aspetti:
- rispettare gli impegni presi;
- scoprire i valori del nostro interlocutore;
- scoprire i criteri e le regole del nostro interlocutore.

Rispettare gli impegni presi

Quante promesse o impegni vengono presi dai nostri dirigenti o anche dai nostri colleghi che non vengono poi mantenuti? Quante di queste persone che abbiamo conosciuto direttamente o indirettamente ci hanno deluso, tradendo quindi la nostra fiducia? E noi stessi siamo davvero coerenti con gli impegni che abbiamo assunto nei confronti del nostro prossimo? Le promesse o gli impegni presi vanno, invece, mantenuti. Costi quel che costi. È questione di onore. E lo dobbiamo fare soprattutto per noi stessi e per la nostra dignità. Come è possibile che in passato la «parola data» fosse sufficiente per essere certi della sua validità (con questa modalità, ad esempio, si veniva assunti in un posto di lavoro o si potevano acquistare delle proprietà); e che oggi invece, nonostante tutti i possibili contratti scritti, non ci sia più la certezza che l'impegno assunto sia poi mantenuto e onorato?

Ricordati che le persone tendono a costruire le loro speranze intorno alle promesse che gli vengono fatte. Pertanto, non fare mai una promessa che non puoi mantenere. È molto meglio, infatti, più onorevole e saggio, essere umili promettendo poco e dando molto, piuttosto che essere arroganti e presuntuosi promettendo molto e dando poco.

Oltre a ciò, è molto importante che tu chiarisca le aspettative verso gli impegni che hai assunto. **La causa di quasi tutte le difficoltà nei rapporti umani è legata ad aspettative contrastanti o ambigue circa ruoli e scopi**. Nella comunicazione è importante «non dare nulla per scontato». Per questo motivo, in situazioni nuove, è bene che tutte le aspettative siano messe sul tavolo in modo chiaro ed esplicito fin dall'inizio. Questo ti richiederà, inizialmente, un investimento di tempo e di sforzi, ma ti farà risparmiare un'enormità di tempo e di fatica nel lungo periodo.

Infine, non solo è importante mantenere gli impegni presi, ma è altrettanto importante essere puntuali. Ricordati, infatti, che il ritardo e la mancanza di puntualità sono aspetti molto fastidiosi per chi li subisce.

Scoprire i valori del nostro interlocutore

Scoprire che cosa sta a cuore al nostro interlocutore significa individuare i suoi valori e come li «soddisfa». Abbiamo già avuto modo di affermare che i valori sono le convinzioni personali, private, individuali, relative a ciò che per ciascun individuo è più importante. Sono, spesso, espresse con parole astratte (sono esempi di valori le seguenti nominalizzazioni: rispetto, puntualità, qualità, creatività, crescita ecc.). I valori sono importanti poiché guidano le nostre scelte. L'errore, infatti, è spesso di eseguire lavori che soddisfano i nostri valori e criteri ma non quelli del nostro interlocutore. Per questo motivo, la prossima volta che il tuo capo, un tuo cliente oppure un tuo collega, ti chiede un lavoro chiedigli, prima di incominciarlo, **«che cosa è davvero importante per te in questo determinato lavoro?»**. Se, ad esempio, ti risponde la «puntualità» e la «qualità» saprai che i suoi valori più importanti sono, appunto, la «puntualità» e la «qualità».

E sarà su questi aspetti che dovrai far leva se desideri far bella figura nei suoi confronti.

Scoprire i criteri e le regole del nostro interlocutore

Ora, non è sufficiente conoscere i valori del tuo interlocutore (superiore, collega o cliente) perché è altrettanto importante sapere i suoi «criteri di soddisfazione». Dove per «criteri di soddisfazione» intendiamo le regole attraverso le quali appaghiamo i nostri valori. Le regole non sono altro che delle nostre convinzioni e sono espresse in una di queste due forme:

a) **«Quando accade X, allora mi sento Y»**, per esempio:
   - «Se il mio capo non mi dice che ho fatto un buon lavoro, allora vuol dire che era sbagliato».
   - «Se un mio collega non mi parla vuol dire che non gli sono simpatico».

b) **«Se accade X, allora poi succede Y»**, per esempio:
   - «Se sei troppo generoso, poi gli altri se ne approfittano».
   - «Se fai troppa carriera, la gente ti invidia e perdi la serenità».

Ognuno di noi ha un lunghissimo «regolamento interno» che ha elaborato nel corso dell'esperienza. Avere queste regole ci permette di catalogare velocemente le situazioni e attribuire un significato a tutto ciò che ci succede, permettendoci di affermare con certezza: «Se quella persona si è comportata così e così, allora vuol dire che bla, bla, bla...». Purtroppo, quando esponiamo queste nostre convinzioni, ci dimentichiamo di aggiungere due paroline magiche che cambierebbero notevolmente il significato del messaggio: «**Secondo me**».

Eccomi impegnato in barca a vela per condurre il corso «Al timone del tuo team per vincere!»

«Ed è proprio questo il problema delle regole – come afferma Roberto Re autore del libro *Smettila di incasinarti!* – ognuno ha le sue ed è convinto che siano quelle giuste. Dimenticandoci che sono solo una nostra interpretazione della realtà e non una verità assoluta. Infatti, quando due persone si scontrano, il litigio non è mai tra gli individui, ma tra le loro regole»[7].

A ragione di ciò, dopo aver individuato i valori del tuo interlocutore chiedendogli: **«Che cosa è davvero importante per te in questo determinato lavoro?»**, dovrai domandare: **«Che cosa deve accadere affinché il mio lavoro sia per te... (valore di riferimento)?»**. In questo modo, avrai davvero la possibilità di fare un lavoro in sintonia con le reali esigenze e desideri del tuo capo, cliente o collega facendo di te una persona esperta e competente.

La *Pentacomunicazione*® è un valido modello grazie al quale possiamo, in breve tempo, adottare delle strategie per farci benvolere, e sarà di questo che parleremo nel prossimo capitolo.

[1] Massimo Piovano, *La pentacomunicazione*, De Vecchi, Milano 2008.

[2] Si ricorda che ogni utilizzo non autorizzato potrà essere perseguito nei termini di legge.

[3] Vedi «Dicono di Massimo» in www.massimopiovano.it.

[4] Ho appreso questo esercizio dal dott. Richard Wiseman, psicologo di

fama mondiale ed esperto di «quirkology», la psicologia che studia i fatti quotidiani e banali della nostra vita. Si veda: Richard Wiseman, *Quirkology*, Ponte alle Grazie, Milano 2009.

[5] Il metamodello è un insieme di strumenti linguistici che permette al comunicatore una comprensione, la più precisa possibile, del modello del mondo del suo interlocutore. Il libro di riferimento del metamodello è: Richard Bandler, John Grinder, *La struttura della magia*, Astrolabio, Roma 1981. Si veda anche: Richard Storey, *L'arte della comunicazione efficace e persuasiva*, De Vecchi, Milano 2009.

[6] Stephen R. Covey, *Le sette regole per avere successo*, Franco Angeli, Milano 2005.

[7] Roberto Re, *Smettila di incasinarti!*, Mondadori, Milano 2010.

6

Come farsi benvolere con la Pentacomunicazione®

Sono andato alla fine della Terra, sono andato alla fine delle acque, sono andato alla fine del cielo, sono andato alla fine delle montagne, non ho trovato nessuno che non fosse mio amico.

Canto Navajo

Nella realtà odierna l'unico modo di risolvere le divergenze è il dialogo e il compromesso, la comprensione umana e l'umiltà.

Tenzin Gyatso, XIV Dalai Lama,
è stato premio Nobel per la pace nel 1989.

Il primo obiettivo che dobbiamo porci, in qualsiasi ambiente in cui interagiamo, è quello di farci apprezzare. È, infatti, nostra responsabilità adottare delle strategie e delle abilità relazionali che ci permettano di fare una buona impressione. Riuscire a farci benvolere ci permette di vivere meglio sia dal punto di vista psicologico che dal punto di vista lavorativo. Infatti, le persone che hanno competenza e sanno anche suscitare simpatia hanno molte più probabilità di avere successo.

C'è un libro che è stato molto importante per me e che ho letto e riletto continuamente sin da quando l'ho scoperto nel 1999. Si tratta di *Come trattare gli altri e farseli amici* di Dale Carnegie, uno dei veri antesignani nel mio campo. È un testo di enorme ispirazione e Carnegie è stato un grande pensatore che ha avuto un profondo impatto sulla mia vita.

Partendo dai lavori di Dale Carnegie ho elaborato, in questi anni, delle strategie che, se seguite scrupolosamente, ti faranno migliorare le tue relazioni interpersonali. Si tratta di regole semplici e di buon senso che spesso, però, vengono dimenticate o violate. Questi principi, o come li definisco io «ingredienti», sono essenzialmente indiscutibili perché la loro validità è autoevidente e quindi non necessitano di dimostrazioni. Non hanno un grado di importanza poiché sono tutti importanti. Tuttavia, come vedremo per ciascun «ingrediente», se non è utilizzato correttamente può generare pericoli ed equivoci dal punto di vista pentacomunicativo.

Sono seriamente convinto che ciascuno di noi, attraverso l'impegno e la perseveranza, può davvero contribuire a migliorare il proprio «ambiente di lavoro».

1° Ingrediente: cerca di capire piuttosto che criticare

Invece di condannare e criticare «gratuitamente» i tuoi superiori, i tuoi colleghi o i tuoi clienti, cerca piuttosto di capirli. Cercare di immaginare perché la gente fa quello che fa è molto più utile e interessante che criticare, senza contare che genera simpatia, tolleranza e gentilezza.

A volte le critiche sono necessarie, soprattutto quando ricopriamo ruoli di responsabilità e abbiamo già visto come farle efficacemente trattando la dimensione del «coraggio».

L'importante, però, è sempre considerare le cose non solo dal nostro punto di vista, ma anche da quello degli altri. A questo proposito, Henry Ford, il noto costruttore di automobili, disse: «Se esiste un segreto del successo direi che sta tutto nel riuscire a vedere dal punto di vista dell'altra persona, cioè a uniformarsi all'angolo di visuale altrui».

Per diventare più abile nel campo delle relazioni umane, devi cercare di metterti nei panni del tuo interlocutore, chiedendoti: «Se fossi nei suoi panni, come mi sentirei? Come reagirei?». Eviterai così di sprecare tempo e di «roderti il fegato», perché interessandoti alla causa, avvertirai meno avversione per l'effetto a essa collegato.

La vicina sudicia

Una donna si lamentava con un'amica di avere una vicina di casa piuttosto disordinata. «Dovresti vedere come sono sporchi i suoi bambini, per non parlare della casa! C'è quasi da vergognarsi a vivere nella stessa zona. Dai un'occhiata a quei panni stesi ad asciugare. Guarda che strisce nere ci sono sulle lenzuola e gli asciugamani!».

L'amica si avvicinò alla finestra ed esclamò: «Credo che il suo bucato sia pulito, cara, le strisce nere sono nei tuoi vetri».

Perché le persone criticano gli altri? Molti lo fanno perché pensano di correggere gli errori del prossimo. In realtà, criticando non correggiamo nessuno, anzi suscitiamo **risentimento**. Il risentimento per le critiche ricevute può demoralizzare i dipendenti, i familiari, gli amici, senza contribuire in alcun modo a migliorare la situazione. A questo proposito, Dale Carnegie fa notare che: «Tutti gli sciocchi sono capaci di condannare, criticare, recriminare e la maggior parte lo fa. Ma ci vuole carattere e autocontrollo per capire e perdonare»[1].

Ricordati, a questo proposito, che c'è sempre un motivo se gli altri si comportano in un certo modo. E se saprai scovare questo motivo avrai in mano la chiave del loro comportamento.

Non parlo mai male di nessuno
e dico di tutti tutto il bene possibile.
Benjamin Franklin (1706-1790), è stato
uno scienziato e un politico statunitense.

Armi a doppio taglio

se troppo... 	**se poco...** 
Se esageri con la comprensione c'è il rischio di diventare tutt'uno con l'altro e quindi non mantenere le differenze di ruolo che potrebbero esserci fra voi. Oltre a ciò, puoi correre il rischio di rimanere troppo coinvolto emotivamente nei confronti dei problemi altrui. E questo può voler dire, ad esempio, portarsi i problemi dei colleghi, dei superiori o dei clienti al di fuori del proprio lavoro.	Se non sei comprensivo c'è il rischio che tu appaia insensibile, quasi come se fossi una persona che non ha «cuore».

2° *Ingrediente: sii generoso piuttosto che avido*

Le persone che suscitano simpatia sono spesso generose. Se vogliamo essere persone migliori, cominciamo a dare. Gran parte delle persone si preoccupano soltanto di ricevere. Noi, invece, pensiamo a dare. Un aneddoto illustra molto bene questo concetto.

La botte di vino piena d'acqua
Nel villaggio si stava organizzando una grande festa e ognuno doveva contribuire versando una bottiglia di vino in una botte gigantesca. Uno degli abitanti del villaggio, che non voleva privarsi del suo vino, ebbe un'idea: «Se verserò una bottiglia d'acqua in questa botte così enorme, nessuno se ne accorgerà». Purtroppo, quando iniziò il banchetto, dalla botte uscì soltanto acqua poiché tutti gli abitanti di quel villaggio avevano avuto la stessa idea.

Essere generosi non significa soltanto elargire regali, offrire pasticcini in occasione del nostro compleanno, caffè o pranzi. Ma significa impegnarsi più del dovuto, offrendo la nostra disponibilità senza guardare sempre i cinque minuti di straordinario. Essere generosi significa, inoltre, non «sbolognare» frettolosamente un cliente che «chiede» proprio nel momento in cui si stava per chiudere. Essere generosi significa anche dividere o condividere quello che si ha.

Vi sono persone che pretendono tutto dalla vita ma non danno nulla; altre che non desiderano nulla, ma danno tutto ed è per questo che possiedono di più.
Winston Churchill (1874-1965),
primo ministro del Regno Unito
durante la seconda guerra mondiale.

Armi a doppio taglio

se troppo... 	**se poco...** 
Se sei troppo generoso c'è il rischio che le persone se ne approfittino chiedendoti in continuazione piaceri, favori, prestiti ecc.	Se lo sei troppo poco c'è il rischio che tu appaia come una persona avida, tirchia e poco disponibile.

3° Ingrediente: ammetti i tuoi errori piuttosto che difenderli a spada tratta

C'è una certa soddisfazione nell'avere il coraggio di ammettere i propri errori. Non solo libera da ogni senso di colpa e di autodifesa, ma spesso aiuta a risolvere i problemi creati dall'errore stesso. Tutti gli sciocchi sono pronti a difendere i loro errori, ma ammetterli innalza il colpevole sopra la massa e gli conferisce dignità e serenità.

Osserva Dale Carnegie: «Se si sa che in ogni caso ci hanno pescato come si suole dire con "le mani nel sacco", non è meglio battere sul tempo l'interlocutore e ammettere apertamente i propri errori? Non è più facile fare dell'autocritica piuttosto che ascoltare l'altrui condanna? Dite di voi stessi tutte le cose cattive che sapete che l'altro pensa o sta per dire e ditele prima che l'altro abbia il tempo di sciorinarvele. Cento contro uno, susciterete nell'altro un atteggiamento magnanimo e di perdono e i vostri errori saranno minimizzati»[2].

Un esempio di tolleranza all'errore

C'è un famoso episodio che riguarda Thomas Watson, il fondatore della IBM. Uno dei suoi dipendenti aveva commesso un terribile errore, che era costato all'azienda dieci milioni di dollari. Convocato nell'ufficio di Watson, questi esordì con un: «Immagino che voglia che rassegni le dimissioni». Watson lo guardò bene dritto negli occhi e disse: «Ma sta scherzando? Se ho appena speso dieci milioni di dollari per *educarla*!»[3].

Per trovarti sempre bene con gli altri e con te stesso ricordati che, quando sai di avere ragione, devi far valere il tuo punto di vista con gentilezza e tatto; e quando sai di avere torto – cosa che si verifica con sorprendente frequenza, se sei onesto con te stesso – ammettere l'errore subito e con sincerità. Non solo questa tecnica produce risultati sensazionali ma, che tu ci creda o no, è molto più divertente, a seconda delle circostanze, che cercare di difendersi a ogni costo.

Nessuno ha mai commesso un errore
più grande di colui che non ha fatto niente
perché poteva fare troppo poco.
Edmund Burke (1729-1797), politico,
filosofo e scrittore britannico, di origine irlandese.

Armi a doppio taglio

se troppo... 	**se poco...** 
Se esageri nel chiedere sempre «scusa» su tutto e tutti, c'è il rischio che tu appaia come una persona melliflua. Non fare come quelle persone che si addossano sempre le colpe ma che non propongono mai soluzioni.	Se non chiedi mai scusa c'è il rischio che tu appaia arrogante, poco umile che pensa sempre di avere ragione anche quando non è così.

4° Ingrediente: fai in modo che gli altri si sentano importanti

Il desiderio di essere importanti è ciò che differenzia l'uomo dagli altri animali. È questa la molla che ci induce a vestirci alla moda, a comperare l'ultimo modello di cellulare o l'ultima macchina o a magnificare le gesta dei nostri figli.

Qual è il segreto per fare in modo che gli altri si sentano importanti? È una ricetta molto semplice, ma decisamente efficace, che consiste nell'apprezzare sinceramente le persone che ci stanno a fianco. **Tutti gli esseri umani sono sensibili agli apprezzamenti sinceri perché danno coraggio e aumentano la propria fiducia in se stessi.**

Qual è la differenza tra apprezzamento e adulazione? L'apprezzamento è sincero. L'adulazione è falsa. Il primo viene direttamente dal cuore, la seconda si limita a salire dalle labbra. Il primo è utile, la seconda dannosa. Il primo è universalmente ritenuto cosa positiva, la seconda è universalmente condannata.

Stroke è il termine utilizzato dagli americani per indicare le carezze e gli apprezzamenti sinceri. Tutti siamo sensibili alle carezze. Le persone hanno bisogno di gratificazioni e riconoscimenti per ciò che fanno.

I complimenti ci rafforzano mentre le critiche ci distruggono. Facciamo ancora una volta un esempio.

Le parole sono pietre!

Mauro, responsabile dell'ufficio amministrativo, dice a una delle sue collaboratrici:

– «Ornella, meno male che ci sei tu. Non so come farei a sbrigare queste pratiche senza di te. Sei una persona e una collaboratrice speciale, grazie per quello che fai ogni giorno per quest'azienda».

A vostro avviso come reagirà Ornella di fronte a queste parole così lusinghiere pronunciate dal suo capo? Probabilmente Ornella reagirà con un comportamento che confermerà quanto gli ha detto il suo capo. Farà esattamente quanto di meglio si aspetta il suo capo e sistemerà le pratiche nel migliore dei modi.

Immaginiamo che Mauro dica invece:

– «Ornella, sei una buona a nulla: io ti pago puntualmente ogni fine mese, ma non fai mai una cosa giusta. Sono carico di lavoro e non hai ancora sistemato nessuna delle pratiche che ti ho affidato!».

È molto probabile che Ornella assimili questo messaggio e, alla prima occasione, lo trasmetta alla sua collega Cristina.

– «Cristina – afferma irritata Ornella – sei una frana! Perché non mi hai aiutato quando avevo bisogno. Il capo si è arrabbiato con me perché non ho sistemato le sue pratiche. In realtà, io ho dovuto fare anche il tuo lavoro in arretrato. Se solo ti sbrigassi di più, non avrei avuto da ridire con il capo».

Secondo il Bureau of Labor Statistics degli Stati Uniti, il 40% dei dipendenti lascia il proprio impiego non per il salario o per il carico di lavoro, ma perché non si sente stimato.

Se desideri che i tuoi colleghi, i tuoi superiori o i tuoi clienti siano contenti di stare con te, bisogna che anche tu dimostri che sei contento di trovarti bene in loro compagnia.

C'è una legge, che suggerisce Dale Carnegie, molto importante che regola i rapporti con gli altri. Se si obbedisce a questa legge, non avremo mai problemi. Ci porterà amici in abbondanza e felicità duratura. Ma ogni volta che non la osserveremo, avremo guai. La legge è questa: «**Date sempre agli altri l'impressione che sono importanti per voi**. E fatelo ora, ovunque voi siate. Le persone diventano davvero importanti quando non ci sono più. Non aspettate quel giorno. Diteglielo subito»[4].

Il più grande desiderio della natura umana
è quello di venire apprezzati.
William James (1842-1910), psicologo
e filosofo statunitense.

Armi a doppio taglio

se troppo... 	se poco... 
Se esageri nell'elargire complimenti corri il rischio di non essere creduto. I complimenti vanno fatti sinceramente e quando c'è motivo per farlo.	Se non fai mai complimenti neanche quando ci vogliono, rischi di creare risentimento e demotivazione verso gli altri.

5° *Ingrediente: sii gioioso piuttosto che musone*[5]

Tanti secoli fa, uno degli uomini più saggi mai esistiti, scoprì una realtà, che l'uomo moderno solo adesso sta iniziando a comprendere. Questo grande saggio fu il re Salomone che regnò in Israele dal 970 a.C. al 930 a.C. Egli disse: «Un cuore lieto fa bene al corpo» (Prov 17,22).

Le associazioni mondiali dei cardiologi hanno confermato quanto la saggezza di Salomone sia tuttora valida. Nel 2000 sono stati, infatti, divulgati i risultati di una ricerca in cui si dimostrava che il cuore rimaneva più sano grazie al contributo dell'esercizio fisico, al consumo di cibi salutari e al buon umore[6].

Gli scienziati sono, dunque, convinti che la risata abbia un valore sia preventivo sia terapeutico. Ma al giorno d'oggi sembra che le persone abbiano dimenticato come si ride.

Eppure, per dare il meglio di noi stessi sia in ambito lavorativo che privato, dobbiamo applicare, come sono solito affermare nei miei corsi le «**3 A**»: **apprendimento**, **applicazione** e **allegria**. Senza un costante e continuo apprendimento sarà davvero molto difficile rimanere competitivi. La vita lavorativa è fatta di aggiornamento, di formazione e di studio. Tuttavia, se all'apprendimento non facciamo seguire l'applicazione, la conoscenza che abbiamo appreso rimane solo teoria. Ricordiamoci che il vero scopo della formazione non è l'erudizione, ma l'azione. Infine, dobbiamo divertirci in quello che facciamo giorno per giorno, perché **se non ci divertiamo non avremo entusiasmo e se non avremo entusiasmo non avremo successo**.

Mi considero una persona molto fortunata perché ho un cuore allegro, e questo sentimento l'ho appreso direttamente dai miei genitori e da mia nonna materna. Queste persone molto speciali della mia vita mi hanno insegnato a trovare il lato buffo anche nelle peggiori situazioni. Mia nonna Rosina ripeteva spesso a noi nipoti: «Anche se le cose vanno male, il corpo non deve patire!». Ed è proprio vero: essere allegri, gioiosi fa bene sia al corpo che alla mente. Sbagliano, tuttavia, coloro che credono che il senso dell'umorismo sia qualcosa di innato. Il senso dell'umorismo è quello con cui uno è nato, ma è anche un'abilità che si può acquisire con la pratica. In ogni caso, per sviluppare il tuo senso dell'umorismo è utile:

1) prendere a modello i comici di professione attraverso la lettura di libri, la visione di film o di programmi televisivi di varietà e di cabaret (come ad esempio: «Zelig», «Camera Café», «Colorado Café» ecc.) o, ancora, attraverso la ricerca di siti internet simpatici e divertenti;

2) imparare a raccontare le barzellette. Non solo ti renderà più simpatico, ma avrai anche la possibilità di assimilare del materiale per fare poi delle tue battute. So che alcuni di voi non si sentono portati o pensano di non sapere raccontare barzellette. Eppure saper raccontare le barzellette è una cosa che si impara con l'impegno e l'applicazione. Un'altra preoccupazione diffusa è quella di dimenticarle in fretta. Per ovviare a questo fenomeno, ti consiglio di segnarti su un foglio o un'agenda le barzellette più belle che hai sentito dagli amici, dalla radio o dalla televisione, solo così eviterai di dimenticarle;

3) cogliere il lato buffo della realtà. Tutte le cose ne hanno uno. L'umorismo è un meccanismo di difesa, ci aiuta a difenderci dall'ansia, ci fa sdrammatizzare le situazioni. Che cosa fanno, ad esempio, i comici di professione? Osservano gli eventi che succedono nel mondo e attraverso collegamenti, paragoni o paradossi fanno notare come possa essere divertente quella particolare situazione. Molti comici sono bravissimi a interpretare altre persone e a riprodurre accenti diversi, con effetti di gran divertimento. Interpretare efficacemente il lato buffo della realtà richiede di saper usare il volto, il corpo, la voce e le parole per presentare le proprie idee nel modo più divertente possibile. A volte non occorrono neanche le parole. Stanlio e Ollio o Charlie Chaplin sono stati esempi illustri di questa capacità;

4) sviluppare la propria fantasia. Per essere spiritosi, bisogna essere fantasiosi, notare il lato paradossale delle cose senza, però, strafare. Le persone davvero brillanti sanno anche autocensurarsi. Nella vita il senso dell'umorismo è una cosa bellissima, ma dobbiamo anche sapere essere seri quando la situazione lo richiede;

5) fare le battute nel modo e nel momento giusto. Spesso, senza volerlo, facciamo delle battute che, invece, di far ridere offendono l'interlocutore. Dobbiamo far molta attenzione alle parole che diciamo, poiché la distinzione fra il sarcasmo e l'ironia è molto labile. Per questo motivo è molto importante che tu accompagni le tue battute con una mimica facciale appropriata. Inoltre, devi tenere anche in considerazione il tempismo. Una battuta al momento giusto sarà simpatica e divertente; viceversa, se detta in un momento o in un contesto sbagliato, sarà deleteria.

L'umorismo è il più potente meccanismo di difesa. Permette un risparmio di energia psichica e con un battuta blocchiamo l'irrompere di emozioni spiacevoli.
Sigmund Freud (1856-1939), neurologo e psicoanalista austriaco fondatore della psicoanalisi.

Armi a doppio taglio

se troppo... 	**se poco...** 
Se esageri con le battute, corri il rischio di apparire sarcastico. È vero che ridere fa bene sia al nostro cuore che all'ambiente con il quale ci troviamo a interagire, tuttavia se esageri corri il rischio di apparire poco serio. Ricordati che ci sono momenti per essere allegri e momenti per essere seri.	Se non sei allegro, sei musone. A questo proposito, ricordati di non prenderti troppo sul serio, perché con questo atteggiamento continuerai a roderti il fegato.

6° Ingrediente: dialoga piuttosto che discutere[7]

Perché, nella nostra quotidianità lavorativa, alcune semplici conversazioni si possono trasformare in litigi? Che differenza c'è fra dialogare e discutere? Per i filosofi greci la parola *diàlogos* indicava un flusso libero di significati attraverso più persone, che permettevano a ciascuno di scoprire intuizioni che, individualmente, non sarebbe stato possibile cogliere. Nella filosofia del dialogo tutti vincono. Purtroppo, a volte, il dialogo si trasforma in «discussione» – parola che ha radici comuni con «percussioni» e «scuotimento» – in cui, letteralmente, gli interlocutori spingono avanti e indietro le opinioni in un gara del tipo «chi vince prende tutto». Inutile dire che le relazioni efficaci si fondono sul dialogo.

«Da una discussione non si può uscire vincitori – osserva Dale Carnegie – per vincere bisogna evitarle. Nove volte su dieci, alla fine di una controversia gli avversari si ritrovano esattamente al punto di partenza; più convinti che mai di essere dalla parte della ragione. È impossibile avere la meglio discutendo. Impossibile perché se si perde, si perde e se si vince, si perde ugualmente. Perché? Ammesso di trionfare sull'altro interlocutore, cosa si ottiene? Di sentirsi forti. Ma lui? È stato messo in una condizione d'inferiorità, è stato ferito nel suo orgoglio, proverà un senso di rancore e appena si presenterà l'occasione si prenderà la rivincita»[8].

Un'antica favola di Esopo ci aiuta a capire ancora meglio questo concetto.

La gara fra il vento e il sole
Il vento e il sole ebbero un giorno una discussione su chi dei due fosse il più forte. Il vento, vedendo un vecchio avvicinarsi lungo la strada, propose una gara e pose così i termini della scommessa: il primo che fosse riuscito a indurlo a togliersi la

giacca avrebbe vinto. Il sole accettò e il vento partì per primo. Soffiò sempre più forte finché le sue raffiche raggiunsero la forza di un ciclone. Ma più il vento soffiava, più l'uomo teneva stretta a sé la giacca. Quando il vento cedette, toccò al sole. Il sole, viceversa, si profuse sull'uomo gentilmente, e diventò sempre più caldo finché questi, detergendosi il sudore dalla fronte, si tolse la giacca. Il sole rivelò al vento il suo segreto: la delicatezza e la cordialità sono più forti della forza e della furia.

La favola mostra come la persuasione sia spesso più efficace della costrizione. Un malinteso non si chiarirà mai discutendo, ma usando tatto e diplomazia; dimostrando un atteggiamento conciliante e il desiderio di capire davvero il punto di vista dell'altro.

Purtroppo, oggi, sembra prevalere un'altra strategia, basata sulla «rissa verbale», secondo la quale le conversazioni sono trattate come fossero degli incontri di pugilato verbale nei quali ciascun interlocutore persiste a sferrare le proprie argomentazioni, urlando e imprecando parole volgari con l'unico scopo di «sconfiggere» l'avversario. Gli esempi di questa strategia sono ben presenti nei talk show televisivi tra politici e i cosiddetti opinion leader, i quali non fanno altro che discutere e attaccarsi l'un l'altro senza, in realtà, pervenire ad alcun risultato utile. Sembra che l'audience sia direttamente proporzionale all'aggressività trasmessa. È davvero difficile, avendo questo tipo di modelli, imparare a comunicare con efficacia. Ma proviamo a cambiare tendenza e impariamo delle strategie che ci conducano, in breve tempo, a instaurare relazioni sintoniche anche con gli interlocutori più ostili.

Innanzitutto, prima di inoltrarti in inutili discussioni, poniti alcune domande: «Il mio interlocutore potrebbe avere ragione?»; «Che cosa c'è di vero o di valido nella sua posizione o argomentazione?»; «La mia reazione contribuirà ad allontanare o ad avvicinare il mio interlocutore?»; «Sto reagendo in modo da trovare una soluzione o piuttosto sto provando rancore o rabbia?»; «La mia reazione mi porterà una maggior stima verso il mio prossimo?»; «Se invece di reagire, me no sto in silenzio, la divergenza si potrebbe sgonfiare come una bolla di sapone?»; «Come posso esprimere la mia opinione senza ferire l'orgoglio del mio interlocutore?».

Inoltre, per evitare che una divergenza di opinioni si trasformi in discussione, Dale Carnegie, nel suo libro *Come trattare gli altri e farseli amici* propone i seguenti principi:

✓ non fidatevi della prima impressione;
✓ accertatevi di persona delle cose;
✓ controllate le vostre emozioni (non perdete la calma);
✓ prima ascoltate e poi parlate;
✓ cercate dei punti d'accordo;
✓ cercate di essere franchi e sinceri;
✓ utilizzate nella vostra comunicazione dati piuttosto che impressioni;
✓ non date nulla per scontato;
✓ scegliete il luogo e il momento giusto per affermare le vostre idee.

Ricordati che non puoi obbligare nessuno a pensare in modo che faccia piacere a te. I migliori comunicatori sanno che è molto difficile convincere qualcuno a compiere determinate azioni che non desidera, mentre è molto facile indurlo a compiere qualcosa che già desidera fare. Come disse Aristotele, «se vuoi persuadere qualcuno fallo attraverso le sue stesse argomentazioni». La chiave di un'efficace comunicazione consiste, pertanto, nel far in modo che sia l'altro a desiderare ciò che noi desideriamo che faccia. Come? Creando un contesto armonico, guidando l'altro in modo sintonico anziché in maniera conflittuale.

Ma che cosa devi fare se il tuo interlocutore ti dice qualcosa sulla quale tu non sei d'accordo? Devi lasciarlo dire o controbattere? Innanzitutto, devi tenere conto che a nessuno, quando parla, piace essere contraddetto: **la gente vuole consenso**. Non è ribattendo che si ottiene fiducia, ma ascoltando e accettando il punto di vista dell'altro anche se diverso dal tuo.

Chi in realtà sa di che parla,
non trova ragione per alzare la voce.
Leonardo Da Vinci (1452-1519), artista,
scienziato e pittore italiano.

Armi a doppio taglio

se troppo... 	**se poco...** 
Se il dialogo diventa una forma di esagerazione c'è il rischio di arrivare a «un nulla di fatto». Se continui a parlare e a parlare e non passi all'azione rischi di essere inconcludente.	Se eviti il dialogo e il confronto rischi di essere aggressivo. Oltre a ciò, c'è il rischio che le tue argomentazioni siano solo deleghe operative «fai quello e poi fai quell'altro»; ma facendo ciò sarà molto difficile per te riuscire a motivare le persone che ti circondano.

7° Ingrediente: crea consenso piuttosto che attrito [9]

Questo significa trovare degli elementi che ti accomunino con il tuo interlocutore. Supponi di poter scoprire qualcosa che vada oltre quanto t'immaginavi possibile. Ovverosia, il potere di instaurare legami (con colleghi, superiori o clienti) che non siano solamente più efficaci e durevoli, ma anche più calorosi e piacevoli. Come cambierebbe la tua vita? Non sarebbe davvero magnifico poter disporre di una strategia per relazionarsi con chiunque in modo semplice ed efficace?

La Programmazione Neurolinguistica ha individuato un modello semplice e pratico per aiutarti a raggiungere questo scopo.

Prima, però, di illustrarti questo modello, ti chiedo di rilassarti e di pensare, con la mente in piena libertà, a una persona che ti è vicina: amico, parente, partner, con cui hai un rapporto di piena comprensione e fiducia e alla quale sei fortemente legato. Prova ora a richiamare alla mente l'ultima volta che hai provato una sensazione di profonda intesa con questa persona. Cosa c'era in quella persona, in quel momento, che ti faceva sentire in perfetta sintonia? Probabilmente, scoprirai che avevi la stessa opinione o sensazione circa un film, una musica, un libro, un'esperienza o una persona.

Prova ora a rievocare qualcuno che non sopporti. Quanti punti di somiglianza esistono tra di voi? Su quanti temi la pensavate allo stesso modo? Quante sono state le volte in cui l'hai sentito vicino, in cui ha dimostrato di capirti e accogliere il tuo stato d'animo? Probabilmente, scoprirai che con quell'individuo non avevi alcun aspetto in comune.

Queste due esperienze ci evidenziano che, generalmente, **siamo più attratti da quelle persone che per qualche ragione sono simili a noi**. Di chi, infatti, vai in cerca e con chi ti piace fare la conoscenza? Desideri forse passare il tuo tempo con persone che dissentono da te su qualsiasi cosa; che hanno interessi diversi, cui piace, per esempio, andare fuori quando tu desideri rimanere in casa e che dormono quando tu vuoi uscire? Tuttavia, se gli amici o i partner in qualche modo si possono scegliere, i superiori o i colleghi di lavoro no. Trascorriamo un terzo della giornata al lavoro ed è nel nostro interesse mantenere un buon livello di cordialità e convivialità con tutti. Purtroppo, non sta a noi scegliere il personale aziendale ed è per questo che devi trovare delle forme che ti rendano il più possibile in armonia con la vita lavorativa.

Il primo passo per instaurare delle relazioni cordiali e positive è **la ricerca di un'intesa (*feeling*) su aspetti comuni e condivisibili**. In linea di massima questo è un tipo di atteggiamento che si mette in pratica, abitualmente, con le persone che si conoscono da tempo e con le quali si è già instaurato un ottimo rapporto, senza difficoltà e spesso a livello inconsapevole. Ma come fare con le persone con le quali si entra in contatto per la prima volta? Come fare a superare le barriere istintive che ci separano dagli altri e, soprattutto, come farci sentire simili a loro se non ne conosciamo interessi, pensieri, opinioni?

Le fasi per instaurare una comunicazione sintonica

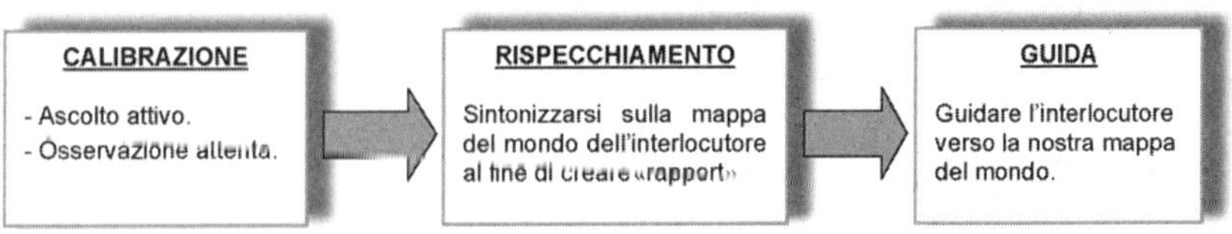

Innanzitutto, per servirsi del linguaggio della Programmazione Neurolinguistica, è necessario un **processo di ca-**

librazione (questo termine deriva dalla meccanica; il calibro, infatti, è uno strumento di misura di alta precisione). Per calibrare bene è necessario che allerti tutti i tuoi sensi, per cogliere meglio i messaggi che l'altra persona ti invia. Questo è ciò che ti consente di percepire gli atteggiamenti corporei, le espressioni facciali e quelle linguistiche del tuo interlocutore.

La fase successiva è **rispecchiare** il tuo interlocutore. Rispecchiare significa entrare in relazione stabilendo delle affinità con l'altro. Il rispecchiamento è l'abilità del comunicatore di inviare al proprio interlocutore, attraverso il proprio atteggiamento, lo stesso comportamento che appartiene al modello del mondo dell'altra persona. Facendo ciò, invierai al tuo interlocutore il seguente messaggio inconscio: «Ti capisco perché io sono come te».

Ci sono molti modi per «rispecchiare» gli altri. Si possono rispecchiare interessi; in altre parole avere esperienze simili (ad esempio amiamo entrambi il calcio, abbiamo i figli della stessa età, andiamo in vacanza nello stesso luogo ecc.). Si possono, anche, rispecchiare le convinzioni che ha un'altra persona (ad esempio abbiamo la stessa idea politica o religiosa) ed è così che si creano amicizie e rapporti.

Se, ad esempio, desideri migliorare la relazione con il tuo capo, ti conviene conoscerlo meglio. Sai dove va in vacanza? Quale sport lo appassiona? Come trascorre i fine settimana? Cosa lo interessa o lo annoia? Ovviamente non ti consiglio di porgergli domani tutte queste domande (violeresti la dimensione della cortesia apparendo invadente e indiscreto), ma di procedere con tatto e discrezione. Ricordati che un capo (così come un collega o un cliente) è, innanzitutto, un essere umano con le sue forze, le sue debolezze, le sue preoccupazioni, passioni e con una vita famigliare.

Tutte queste esperienze hanno un elemento in comune: vengono comunicate mediante parole. Tuttavia, da ricerche compiute, risulta che solo il 7% di ciò che viene comunicato tra persone viene trasmesso dalle parole: il 38% lo è dal tono di voce. Il 55% della comunicazione, la parte più consistente, è infatti il risultato della comunicazione non verbale (linguaggio del corpo)[10]. In pratica, le espressioni facciali, i gesti, la qualità e il tipo dei movimenti che una persona compie in una comunicazione ci dicono molto di più che non le parole in quanto tali. E questo spiega perché un vero amico può «insultarti» e, tuttavia, farti sorridere dei tuoi errori. Perché a farti sorridere non sono le sue parole, ma il suo modo di presentarle, il suo tono di voce, la sua postura e la sua espressione facciale.

Uno dei modi più efficaci per instaurare relazioni consiste, dunque, nel rispecchiare l'altro dal punto di vista non verbale. Infatti, mentre le parole agiscono sulla mente conscia, la fisiologia agisce sull'inconscio. E dunque, come si fa a rispecchiare l'aspetto non verbale di un'altra persona? Quali sono i suoi tratti fisici da riprodurre? Comincia dalla voce: rispecchia tono e locuzione, timbro, la velocità con cui parla, le pause che fa, il volume della voce stessa. Osserva il linguaggio del corpo: il portamento, il modo di respirare, il modo di guardare, le espressioni facciali, i gesti che fa con le mani e altri movimenti caratteristici, e poi rispecchiali.

Ora, io capisco che a prima vista possa sembrarti assurdo. Ma che cosa accadrebbe se potessi rispecchiare, a livello inconscio, tutte le caratteristiche di un altro individuo? Costui penserebbe di aver trovato un'anima gemella, qualcuno che lo comprende appieno, una persona tale e quale a lui. Ma per creare relazioni efficaci non è necessario che rispecchi tutto di una persona. Se cominci con il tono di voce o con le sue espressioni facciali, puoi stare certo di creare delle relazioni efficaci con chiunque.

Nei prossimi giorni, esercitati a rispecchiare le persone con cui hai a che fare nel tuo ambiente lavorativo e non solo. Rispecchia i loro gesti e il loro portamento, la loro respirazione, il ritmo e il volume della loro voce e constata se essi si sentono più vicini a te e tu ti senti più vicino a loro. Ricordati che il rispecchiamento è una capacità come tante altre. Richiede pratica per essere sviluppata e tuttavia puoi cominciare da subito a servirtene per ottenere immediatamente dei validi risultati. Con una certa pratica, non dovrai neppure più pensarci in modo consapevole: automaticamente rispecchierai i portamenti e le fisiologie delle persone con cui ti relazionerai.

Le caratteristiche del rispecchiamento
✓ Il rispecchiamento non è uno «scimiottamento» o una presa in giro. ✓ Un buon rispecchiamento è fatto a livello inconscio e utilizza movimenti non evidenti. ✓ Il rispecchiamento non è una forma di manipolazione. Anzi, è un processo naturale che si compie inconsciamente ogniqualvolta si desidera istituire rapporti cordiali e amichevoli. Ad esempio, se si osservano due innamorati o una mamma con il suo bambino ci si accorgerà che essi si rispecchiano in modo assolutamente naturale. ✓ Rispecchiare significa «sperimentare» come percepisce il mondo il tuo interlocutore. Questo non significa rinunciare alla propria identità; piuttosto ti permetterà di arricchire la tua percezione della realtà.

Infine, l'ultima fase per instaurare una comunicazione sintonica è chiamata **guida**. «Guidare» significa cercare di portare il nostro interlocutore a capire il nostro punto di vista, una volta che abbiamo capito il suo. Con la guida si invia un messaggio del tipo: «Ti capisco perché io sono come te e se io ho capito te, tu adesso puoi capire me».

Armi a doppio taglio

se troppo... 	**se poco...** 
Se esageri con il «rispecchiamento» c'è il rischio che il tuo interlocutore se ne possa accorgere. La comunicazione sintonica deve essere qualcosa di spontaneo, sincero e inconscio. Altrimenti diventa presa in giro.	Se non ti sforzi a trovare un «terreno comune» con il tuo interlocutore, sarà davvero molto difficile instaurare una relazione interpersonale soddisfacente. E il primo passo spetta a te.

Se sapientemente utilizzati, questi stratagemmi che abbiamo sviluppato nel corso di questo capitolo ti garantiranno un ampio successo nelle relazioni umane. Purtroppo, però, per quanti sforzi tu possa fare per essere gradito non riuscirai mai a essere apprezzato da tutti.

Ricordati, pertanto, che ci saranno sempre persone che non ti apprezzeranno, che ti criticheranno (anche se sei nel giusto) e che saranno invidiose del tuo operato. Per questo motivo devi imparare a resistere agli «ostili».

In piedi in un momento formativo.

[1] Dale Carnegie, *Come trattare gli altri e farseli amici*, Bompiani, Milano.
[2] *Ivi*.
[3] Questo aneddoto è tratto da Anthony Robbins, *Come ottenere il meglio da sé e dagli altri*, Bompiani, Milano 2008.
[4] Carnegie, *Come trattare gli altri e farseli amici* cit.
[5] Massimo Piovano, *Ride bene chi ride per primo*, in «Vita&Salute», aprile 2010.
[6] Si veda: www.anmco.it
[7] Massimo Piovano, *Disarmiamoci e parliamo*, in «Vita&Salute», marzo 2010.
[8] Carnegie, *Come trattare gli altri e farseli amici* cit.
[9] Massimo Piovano, *Ci troviamo sulla stessa onda*, in «Vita&Salute», luglio-agosto 2006.
[10] Albert Mehrabian, Susan Ferris, *Inference of Attitudes from nonverbal Communication in Two Channels*, «The Journal of Counselling Psycology», vol. 31, 1967.

7

Come resistere agli «ostili» con la Pentacomunicazione®

Gli uomini, all'interno delle loro relazioni, costruiscono troppi muri e troppi pochi ponti.
Isaac Newton (1643-1727), fisico e matematico inglese.

L'odio non si spegne con l'odio, ma con l'amore.
Buddha (565 a.C.-486 a.C.)

Prima di incominciare quest'ultimo capitolo devo farti una premessa perché all'interno di esso troverai dei «tabù linguistici» ovvero delle espressioni forti, dei termini che usano gli «adulti». È, quindi, un linguaggio che viola la dimensione della cortesia e che ti invito a utilizzare con molta prudenza. Tuttavia questo linguaggio viene da me utilizzato in modo strategico al fine di condurti verso un maggiore coinvolgimento e verso risultati davvero profondi e duraturi. Lo stesso Freud scoprì che in ogni cultura vi erano parole «tabù» che potevano scandalizzare i «benpensanti». Egli, però, sperimentò tra i suoi pazienti l'utilizzo di tali parole al fine di ottenere dei risultati terapeutici migliori. Per questo motivo, ho deciso di ricorrere anch'io a questo «linguaggio forte» per creare un'atmosfera di onestà e di autenticità emotiva.

Quanti sono gli individui «difficili»?

Questa è una domanda che ricorre spesso fra i partecipanti dei miei corsi di formazione sull'argomento. Per fortuna, le statistiche ci dicono che ognuno di noi trova mediamente intorno a sé una persona difficile su dieci. Il guaio è che quest'unica persona provoca più della metà dei problemi che ci procurano tutte e dieci le persone messe assieme. Le percentuali, ovviamente, possono aumentare o diminuire a seconda di come la Legge dell'Attrazione ha operato fino a questo momento. Come abbiamo visto nel capitolo 2, secondo questa legge, tutto quello che è entrato nella nostra vita è stato in realtà attratto da noi attraverso i nostri pensieri dominanti.

Questi individui «difficili» (possiamo anche chiamarli «rompicoglioni» per essere molto più espliciti) tirano fuori il lato peggiore di noi, ci creano frustrazione, ci fanno stare male, non ci fanno progredire nella nostra carriera e nella peggiore delle ipotesi ci possono procurare delle malattie psicosomatiche (eruzioni cutanee, ulcere, emicranie ecc.). Sono costoro i maggiori responsabili del «mal d'ufficio». Sono costoro che ci «rodono il fegato».

Sono individui sopraffatti dalla gelosia e dall'invidia. Traggono il senso del proprio valore da continui confronti e, quindi, il successo di qualcun altro significa, in una certa misura, il loro fallimento.

Questi «rompicoglioni» possono essere capi o colleghi, clienti o fornitori, uomini o donne, giovani o vecchi, laureati o non laureati.

Come possiamo, dunque, interagire con questi individui che non hanno nessuna voglia di creare un feeling con noi? Anche questa è un'ottima domanda. E la risposta è fornita ancora una volta dalla *Pentacomunicazione®*. Infatti, con questi individui con cui dobbiamo, volenti o nolenti, interagire non è tanto quello che sono ma è il loro comportamento che ci irrita ed è per questo motivo che dobbiamo mettere a fuoco le loro strategie e predisporre delle controstrategie.

Una classificazione

Queste persone «difficili» possono essere classificate in due tipologie.

La prima è quella dei **rompicoglioni part-time**: sono cioè quelli che ci urtano ogni tanto (ad esempio quando hanno la luna storta). Con costoro sono sufficienti le strategie che abbiamo evidenziato nel corso del libro. Quando percepisci in un superiore o in un collega oppure in un cliente che «non è giornata», è inutile insistere nel voler creare feeling, perché rischieresti solo di apparire invadente e poco sensibile. Lasciali in pace. Il silenzio, come abbiamo detto, è una forma di comunicazione e di rispetto. Il tempo è un tuo prezioso alleato e, non appena saranno con l'umore giusto, potrai ritornare sulle questioni che ti stavano a cuore.

La seconda tipologia è rappresentata dai **rompicoglioni full-time**. Sono quelli che nella loro carta d'identità, alla voce «mestiere», dovrebbero avere il coraggio di indicare la loro vera professione: «Rompere le scatole sempre, comunque e ovunque». Sono questi ultimi quelli ai quali devi resistere se non vuoi soccombere. Non è detto che costoro siano dei rompicoglioni con tutti, ma lo sono con te e questo è sufficiente per imparare a difenderti. Alcuni di essi possono essere malati da curare, ma il tuo obiettivo non è quello di guarirli (per questo ci sono gli psichiatri), piuttosto il tuo scopo è quello di agire assertivamente per trovare una soluzione positiva che ti permetta di dare il meglio di te stesso senza farti «rodere il fegato».

In questi anni trascorsi in giro per l'Italia a condurre corsi di formazione, ho individuato dieci tipologie di individui «difficili» [1]. Essi sono:

– ***I prepotenti***. «Sono quelli aggressivi» che attaccano non i tuoi comportamenti ma la tua identità.
– ***Gli schizzati***. «Sono quelli che perdono le staffe», persone apparentemente tranquille che da un momento all'altro esplodono.
– ***I sapientoni***. «Sono quelli esperti ma pesanti» che hanno sempre «la» risposta a ogni problema (e non «una» risposta).
– ***I banfoni***. «Sono quelli che so tutto io» che hanno, ad esempio, letto a malapena un libro e sanno tutto su quell'argomento.
– ***I brontoloni***. «Sono quelli che piangono sempre, ovunque e nonostante tutto». Ti coinvolgono nei loro problemi personali, dicono «se solo...».
– ***Gli inaffidabili***. «Sono quelli che dicono sì... sì» ma poi non fanno nulla creandoti serie preoccupazioni nel lavoro.
– ***I franchi tiratori***. «Sono quelli che con le loro parole lanciano frecciate». Sono quelli che fanno battute su tutto e tutti e poi dicono: «Stavo solo scherzando!».
– ***I disfattisti***. «Sono quelli che dicono sempre no». Dicono no su tutto, sono pessimisti, diffidenti. Il loro motto è: «Aspettati il peggio e non sarai mai deluso».
– ***I gusci***. «Sono quelli che si chiudono». Sono quelle persone che se ne stanno sempre zitte, che non trasmettono nessuna reazione.
– ***I marpioni***. «Sono quelli che ci provano». Per loro le parole hanno sempre un doppio significato perché il loro intento è quello di sedurti.

I «prepotenti»

> «Sono quelli aggressivi» che attaccano non i tuoi comportamenti ma la tua identità.

Sono indubbiamente i più temuti e i più difficili da gestire. Usano la loro espressione facciale (che è molto arrossata e con gli occhi quasi di fuori), la loro gesticolazione (che è molto veloce e decisa), la loro postura (che è molto tesa e agitata) e la loro voce (che è acuta, con volume elevato e senza pause) per incutere timore.

Sono coloro che attaccano non i tuoi comportamenti o le tue performance lavorative ma la tua identità. Insultano, urlano, umiliano, disprezzano, minacciano e ci fanno sentire come dei «vermi». Chi si trova a dover lavorare con questi soggetti deve essere consapevole che sta lavorando con dei «bastardi». Non ci sono altri aggettivi per descriverli. Ci stanno facendo del *mobbing* e ne sono anche consapevoli. Ma che cos'è esattamente il mobbing? Sono una serie di comportamenti e di condotte che il datore di lavoro o i colleghi praticano verso i dipendenti, delle azioni verbali o non che inducono i dipendenti a licenziarsi da soli.

Tra i vari comportamenti che costituiscono il mobbing troviamo: abusi psicologici, umiliazioni, emarginazione, maldicenze, angherie, demansionamento ecc. Io stesso ho visto persone piangere e disperarsi per queste condizioni disumane. Costoro avevano difficoltà a dormire la notte e a vivere una vita serena in famiglia. Questi comportamenti, per essere definiti «mobbing», devono durare più di sei mesi, essere provati e devono procurare delle malattie psico-fisiche ovviamente anch'esse documentate. Secondo un'indagine del 1998, l'Italia era ultima nella classifica UE come denunce di mobbing. E non perché questo comportamento non sia presente, anzi secondo l'INAIL – l'istituto che per primo ha definito in Italia il mobbing lavorativo – è una pratica molto diffusa. Nel nostro paese infatti, essendo le tutele al licenziamento o al trasferimento in altre sedi dei lavoratori molto maggiori che in altri Stati, molte aziende ricorrono al mobbing affinché sia lo stesso dipendente a licenziarsi.

Non è questa la sede per trattare questo argomento così complesso e spinoso e consigliare se denunciare o meno tali episodi, perché il mio scopo è quello di aiutarti a trovare delle strategie per convivere anche con questi individui.

I «prepotenti» si trovano soprattutto fra chi detiene qualche forma di potere e sono presenti soprattutto fra la popolazione maschile anche se non mancano eccellenti esempi fra le donne, come viene illustrato dall'episodio che segue.

Caso studio: «Non ci sono "ma"...».

È fine mese e Piera, che è capo area di un'importante azienda commerciale di cosmetica, sta attendendo da più di un'ora un fax relativo a un ordine di un cliente per raggiungere l'obiettivo di vendita del mese. Il cliente in questione le aveva detto che lo avrebbe trasmesso immediatamente. Impaziente scende di persona dall'impiegato incaricato della distribuzione:

– Piera (con un volume di voce elevato): «Carlo, c'è un fax per me arrivato da più di un'ora. Le ho ripetuto più volte che lo volevo immediatamente! Adesso, me lo trovi velocemente!».

– Carlo: «Ma dottoressa...».

– Piera (con un volume di voce ancora più alto e timbro acuto): «Non ci sono "ma": lo cerchi immediatamente e me lo porti!».

Carlo cerca invano e si reca nell'ufficio di Piera dieci minuti più tardi.
– Carlo: «Spiacente, non l'ho trovato. Forse potrebbe richiederne una copia?».
– Piera (sempre con voce molto concitata): «Lei è veramente impossibile... che figura farei? Sono sicura che l'ha dato a qualcun altro... mi arrangerò da sola come sempre!».

Piera prende il telefono, si scusa con il suo cliente, gli domanda se è possibile rinviarle il fax... e viene a sapere che non è ancora partito: il cliente voleva apportare alcune modifiche all'ordine pattuito.

Nell'ufficio di Piera tutti sono di volta in volta vittime della sua aggressività. I suoi collaboratori hanno poca considerazione per lei e le sue esplosioni quotidiane hanno soltanto un effetto nefasto sulla qualità del lavoro. Piera del resto non si prende la cura o il tempo di apprezzare tempestivamente un lavoro ben fatto: tutta la sua energia si scarica nei rimproveri, giustificati o no.

Purtroppo ci sono delle persone che basta che abbiano un minimo di potere perché si sentano i «padroni del mondo». Mi ricordo, a questo proposito, che quando insegnavo tempo fa in una scuola, c'era una signora addetta alla consegna del materiale didattico e della relativa cancelleria che si sentiva la più importante dell'Istituto. E questo non mi stupiva, perché abbiamo detto che ciascuno di noi desidera sentirsi importante e su questo non c'è nulla di male. Ma la questione è come si esercita questo sentimento. Lo facciamo pesare agli altri? Ci mettiamo su un piedistallo e guardiamo tutti dall'alto in basso? Ecco, quell'impiegata era davvero odiosa (per non dire altro). Non aveva garbo, era sempre arrabbiata e, talvolta, per non averci a che fare acquistavo a mie spese il necessario per svolgere le mie lezioni.

Che cosa fare con i «prepotenti»

Devi **tenergli testa**. Se hai un capo aggressivo, devi anche tu essere aggressivo quanto lui. In questo modo hai più probabilità di cavartela e di avere più stima nei suoi confronti.

Tenergli testa non vuole dire, però, lottare con loro. Per esempio, è pressoché inutile discutere su chi abbia ragione o torto. I «prepotenti» non ammetteranno mai di poter sbagliare anche se hanno torto marcio.

Per tenergli testa è molto importante il contatto oculare, più li guarderai negli occhi e più acquisirai autorevolezza nei loro confronti.

Oltre al contatto oculare, devi chiamarli per nome e in modo formale («Dottor Rossi...»).

Tieni, inoltre, a mente che i «prepotenti» interrompono e, se lo fanno, faglielo notare («Dottor Rossi, mi sta interrompendo. Le stavo dicendo...»).

Oltre che a interrompere, come abbiamo visto, possono urlare, anche in questo caso devi avere il coraggio di farglielo notare («Dottor Rossi, lei sta urlando e questo non giova alla nostra discussione...»).

È molto importante che tu ricordi che ai «prepotenti» devi «tenere testa», altrimenti per te è la fine. Dopo avergli tenuto testa devi usare la dimensione della cortesia. Il tuo obiettivo con questi soggetti è, infatti, quello di **pretendere cortesia e rispetto**.

Purtroppo, capita nei miei corsi di formazione che ci siano molte persone che hanno subito per troppo tempo la pressione di questi «prepotenti» e non sanno proprio come fare. In realtà, costoro provano anche a «tenergli testa» ma non appena questi «bastardi» urlano e minacciano, ritornano a un atteggiamento arrendevole o di fuga. In questi casi, ciò che suggerisco è quello di impegnarsi ugualmente verso l'assertività. È giunto il momento, per tutti, di smetterla di «rodersi il fegato». Ripeto, queste persone non le cambierai tu e nemmeno io: ma non dobbiamo permettere che ci rovinino l'esistenza. Incursione dopo incursione noterai sicuramente dei miglioramenti; l'importante è persistere verso l'assertività e non mollare mai. Dopo un po' noterai che scaricheranno la loro rabbia verso qualcun altro e ti lasceranno in pace.

Il linguaggio di influenza e gli effetti leva per fronteggiare i «prepotenti»[2]

Questi individui sono solitamente «egocentrici», perciò ti suggerisco di esporre i tuoi messaggi partendo dal loro punto di vista, non dire ad esempio: «Io la vedo così...», oppure «Gli altri dicono che...» perché così non ti predisporrai favorevolmente. Piuttosto, esponi le tue idee in questo modo: «Come lei ben sa...», «Solo lei può decidere...», «Provi a considerare...», «Dipende solo da lei...», «Queste sono le mie idee, poi veda lei...». Oltre a ciò, esponi dati precisi e non opinioni; per questo motivo la SuperDomanda ti potrà essere molto utile.

Per quanto riguarda gli «effetti leva» della *Pentacomunicazione®* sono, soprattutto, riconducibili alla dimensione del coraggio (se non hai il coraggio di fronteggiarli, soccomberai rovinandoti il fegato) e della cortesia (se loro la violano, tu non la devi violare, altrimenti ti poni sullo stesso loro piano, mentre tu ti devi differenziare da loro).

Soluzione al caso studio: «Non ci sono "ma"...».

Riprendiamo da questo punto del discorso:

– Piera (con un volume di voce elevato): «Carlo, c'è un fax per me arrivato da più di un'ora. Le ho ripetuto più volte che lo volevo immediatamente! Adesso, me lo trovi velocemente!».

– Carlo: «Ma dottoressa...».

– Piera (con un volume di voce ancora più alto e timbro acuto): «Non ci sono "ma": lo cerchi immediatamente e me lo porti!».

Carlo, che sa di non aver ricevuto il fax tanto atteso da Piera, deve utilizzare la *Pentacomunicazione*®, altrimenti ogni volta sarà la stessa cosa.

– Carlo: «Dottoressa come ben lei sa...». È molto probabile che appena proverai a comunicare con i «prepotenti» ti interrompano (ricordati che sono maleducati e villani).

– Piera (con voce secca e volume alto): «Io non so nulla... so solo che questo fax non si trova...». Al che, anche tu dovrai interromperla e mentre lo farai è molto importante il contatto oculare.

– Carlo (con voce calma ma decisa): «Dottoressa mi sta interrompendo e non è da lei. Come ben lei sa... i nostri fax sono gestiti dal nostro computer interno e lei stessa lo può verificare attraverso il suo computer».

– Piera: «Certo che lo so! Anzi vado subito a controllare e se ha fatto un errore dovrà vedersela con me».

Carlo che sa «come stanno le cose» potrebbe, se la situazione glielo consente, concludere con una battuta per sdrammatizzare la situazione che si era fatta tesa.

– Carlo: «Ok dottoressa! Vado a preparare i "guantoni"».

È molto difficile proporre soluzioni standard perché, come abbiamo visto, «la comunicazione non è qualcosa di semplice ma qualcosa di piuttosto complesso». Per questo motivo, lungi da me la pretesa di volere standardizzare la comunicazione relegandola a cliché, tuttavia questo esempio e tutti gli altri che seguiranno servono per imparare ad applicare le tecniche fin qui apprese.

Curiosità sui «prepotenti»

E se il «prepotente» fosse un cliente? Che cosa si dovrebbe fare?

Può succedere di trovarsi con clienti arroganti e prepotenti. Anche in questo caso, il mio consiglio è quello di «tenergli testa» ovviamente con tatto e diplomazia, perché il cliente «non ha sempre ragione» ma è colui che ci dà da «vivere».

Se gridano, non gridare anche tu. Se sono cafoni e maleducati non esserlo anche tu. La differenza tra te e loro è che tu sei un «professionista» pagato anche per gestire questi rompicoglioni. Lo so che non ti piacciono e che ti fanno «rodere il fegato»; tuttavia così come ogni rosa ha le sue spine, allo stesso modo ogni attività lavorativa ha le sue difficoltà.

Per gestire al meglio questa categoria di persone, ti consiglio di guardarli sempre negli occhi e comunicare con loro in modo formale: con autorevolezza ma anche con molta cortesia. Li devi far sentire in «difetto» e per farlo devi usare la «dimensione del coraggio» e quella della «cortesia» («Signor Bianchi, mi sta interrompendo e sta urlando. Mi faccia spiegare e vedrà che troveremo assieme una soluzione confacente per entrambi...»).

Se ti dovessero attaccare, non prenderla sul personale perché è il modo migliore per «roderti il fegato». Le osservazioni che questi clienti prepotenti fanno direttamente a te, non sono, in realtà, rivolte alla tua persona ma alla situazione. Purtroppo questi soggetti sono talmente ignoranti e maleducati che pensano che agendo così otterranno di più.

Come più volte ho detto, il tuo scopo non è quello di cambiarli perché non ce la farai tu e nemmeno io. Il tuo obiettivo è quello di «non roderti il fegato» e per raggiungerlo devi «tenergli testa» attraverso l'uso dell'assertività (che come ti ricordo non vuol dire aggressività).

Ancora un suggerimento sulla qualità vocale. Il modo migliore per fronteggiare queste persone pericolose è parlare con una voce pacata che ispiri fiducia (voce verde). Pertanto, il volume della tua voce dovrà essere medio-basso a testimonianza della tua volontà di dialogare, piuttosto che discutere. Il tuo tono dovrà essere basso per dare l'impressione di essere tranquillo e pacato. Il tempo dovrà anch'esso essere lento, perché non hai fretta: sei rilassato e vuoi rilassare. Infine, le pause dovranno essere esitanti a riprova che stai soppesando le tue parole.

E se il «prepotente» fosse un collega? Che cosa dovrei fare?

Ascoltiamo questo racconto: «Lavoro come barista in un bar del centro della mia città e siamo in due a gestirlo, più il nostro titolare che non si vede quasi mai. La mia collega si sente la «capa», è prepotente e vuole comandarmi come fossi una «schiavetta» dal momento che non sono neanche in regola contrattualmente. L'altra settimana ho elemosinato un permesso per una mattina. Miracolosamente mi è stato concesso. Le ho detto di dirlo al nostro titolare che non c'era. Mi ha detto che non c'erano problemi. Quando sono poi arrivata al pomeriggio, il mio titolare è saltato su tutte le furie, perché li avevo messi in difficoltà (i clienti erano molti e il servizio era andato molto a rilento). Io ho provato a dirgli che la mia collega lo sapeva e che avrebbe dovuto dirglielo, ma non c'è stato verso... tutti e due erano alleati contro di me».

È vero che, negli ambienti lavorativi, la prepotenza, l'arroganza e l'aggressività sono, soprattutto, una prerogativa dei capi; tuttavia, non è poi così raro trovare questi individui anche tra i colleghi. Costoro, generalmente, sono quelli che hanno più anni di servizio e sanno come muoversi all'interno dell'ambiente di lavoro. Probabilmente, sono stati loro stessi, agli inizi della loro assunzione, oggetto di atti vessatori e, adesso, che ne hanno l'opportunità si vogliono vendicare. Il loro obiettivo è quello di trovare il «pollo», la vittima sacrificale sulla quale scaricare poi colpe e mugugni. Potete immaginare cosa possa voler dire lavorare con capi o colleghi di questo tipo. Un vero e proprio incubo, un circolo vizioso dal quale il malcapitato di turno può uscire devastato moralmente, psicologicamente e professionalmente!

Se non vuoi soccombere, se non vuoi fare il «pollo» e se non vuoi fare la vittima sacrificale, devi «tenere testa» a questi «stronzi» (altro termine tabù che viola la dimensione della cortesia ma che rende molto bene il concetto). E per farlo, devi farti rispettare, non attraverso la forza fisica (purtroppo a volte può capitare anche questo), ma attraverso la tua autorevolezza.

La bella notizia è che se resisterai ai primi attacchi, dopo un po' si arrenderanno e cercheranno altrove il «pollo da spennare».

Gli «schizzati»

> «Sono quelli che perdono le staffe», persone apparentemente tranquille che da un momento all'altro esplodono.

Particolare attenzione necessitano quelle persone «che esplodono», individui apparentemente tranquilli ma che da un momento all'altro saltano su tutte le furie lasciandosi andare a comportamenti irascibili e irrispettosi. Un momento prima erano calmi e subito dopo, per qualcosa che hanno visto o sentito, perdono le staffe diventando aggressivi.

Hai presente il film *Un giorno di ordinaria follia* interpretato da Michael Douglas che racconta la storia di un uomo qualunque, oberato dai problemi quotidiani, che impazzisce e semina terrore a Los Angeles? Ecco, questo è un ottimo esempio di persona «schizzata».

È molto facile riconoscere gli «schizzati» dalla loro espressione del volto, diventano rossi dalla rabbia, i muscoli intorno alla bocca s'irrigidiscono e il respiro si fa affannoso. Sono molto temuti, questi individui, perché sono imprevedibili.

Caso studio: «Una richiesta di troppo».

Luciano lavora in un ufficio di progettazione con altre quattro persone e deve consegnare per il giorno dopo un importante disegno; sono le 16 e 30 del pomeriggio e non è arrivato neppure a metà del lavoro a causa di interruzioni varie (telefonate, richieste di informazioni ecc.) e si sta rendendo conto che dovrà fermarsi molto oltre al consueto orario di lavoro.

Paola che lavora nel suo stesso ufficio ha bisogno, per concludere il suo lavoro, di alcuni dati da parte di Luciano e così pensa di chiederglieli.

Luciano, all'ennesima interruzione, salta su tutte le furie, diventa irruente e si scaglia contro la collega rimproverandola di non sapersela mai cavare da sola.

A quelle parole Paola scoppia a piangere e si allontana dall'ufficio tutta mortificata.

Che cosa fare con gli «schizzati»

Così come ai «prepotenti» è importante **tenere testa** anche agli «schizzati» perché, se non lo farai, questi episodi spiacevoli potrebbero riverificarsi. Per farlo, però, **devi attendere che la sua (e la tua) collera si sia raffreddata**. Per questo motivo, attendi qualche momento prima di esporre le tue argomentazioni, perché se comunichi con loro mentre sono ancora irritati non farai altro che peggiorare la situazione.

Se ti è possibile, affronta la situazione in modo che nessuno vi ascolti. Cerca di capire che cosa sia successo attraverso delle domande di precisione (vedi SuperDomanda): «Capisco che quello che stai dicendo è per te molto importante ma non in questo modo...». Dopodiché devi fargli capire che non può permettersi di rivolgerti la parola in quel modo. Anche in questo caso **devi farlo sentire in difetto** e per farlo devi usare la dimensione del coraggio e della cortesia.

Il linguaggio di influenza e gli effetti leva per fronteggiare gli «schizzati»

Anche questi individui sono solitamente «egocentrici», perciò è meglio che tu esponga i tuoi messaggi partendo dal loro punto di vista («Come lei ben sa...», «Solo lei può decidere...», «Provi a considerare...», «Dipende solo da lei...», «Queste sono le mie idee, poi veda lei...»).

Per quanto riguarda gli effetti leva della *Pentacomunicazione*®, devi focalizzarti soprattutto sulla dimensione del coraggio (anche in questo caso devi «tenergli testa» se non vuoi soccombere). È molto utile anche la dimensione della comprensione perché, se gli dimostrerai di averli capiti ma non giustificati, avrai ottime possibilità che in futuro questi episodi spiacevoli non si verifichino più.

Soluzione al caso studio: «Una richiesta di troppo»
Allo scatto di ira di Luciano, Paola, invece di piangere, avrebbe dovuto tranquillizzarsi anche lei, magari allontanandosi dall'ufficio in silenzio e senza proferire parola per alcuni minuti. Raffreddata la rabbia, Paola avrebbe potuto rivolgersi così a Luciano a tu per tu. – Paola: «Luciano perché hai reagito in quel modo alla mia richiesta d'aiuto?». – Luciano: «È tutto il giorno che continuo a essere interrotto. Devo consegnare questo progetto entro domani e sono molto in ritardo. È possibile che tu non riesca a sbrigartela da sola?». – Paola: «Comprendo il tuo stato d'animo. Tuttavia sai benissimo che quei dati non li posso recuperare da sola. Anch'io, come te, devo consegnare dei progetti. Non siamo dei «ca-

valli sciolti», il nostro è un lavoro di squadra e per lavorare bene abbiamo bisogno del sostegno e della comprensione di tutti. Devo altresì dirti, caro Luciano, che mi hai molto ferita con questo tuo atteggiamento. Spero davvero che non si verifichi più».
– Luciano: «Ti chiedo scusa, ma ho perso la pazienza. Possiamo confrontare i dati di cui hai bisogno domani pomeriggio?».
– Paola: «Va bene!».

Curiosità sugli «schizzati»

E se un cliente agisce da «schizzato» come posso gestire la sua collera improvvisa?

Bisogna, innanzitutto, valutare le ragioni di questa sua improvvisa «esplosione». A volte, anche se siamo dotati di autocontrollo, possono accadere delle situazioni talmente fastidiose e irritanti da farci perdere la pazienza.

In questi casi, evita fortemente di dire frasi del tipo: «Stia calmo...»; «Non si agiti...», perché non farai altro che alimentare la sua collera.

Il tuo effetto leva deve essere, innanzitutto, la dimensione della comprensione, fallo sfogare e dimostra di comprenderlo seriamente («Capisco che in questo momento lei sia così irritato e lo sarei anch'io se fossi nei suoi panni...»). Infatti, se è «incazzato» (altro termine «tabù») lascialo sfogare e cerca, nel contempo, di comprenderne le ragioni. Dopodiché, è molto importante che tu ti avvalga della dimensione della chiarezza e del coraggio («Adesso però cerchiamo di trovare una soluzione al suo problema facendo in modo che non si verifichi più»).

Anche in questo caso, ti consiglio di allenarti a modulare la tua voce in modo da renderla «verde», ovvero pacata ma sicura e autorevole, perché altrimenti il tuo impatto comunicativo ne risentirà[3].

E se lo «schizzato» fosse il mio capo? Che cosa dovrei fare?

Prestiamo attenzione a questa testimonianza: «La mia capa è estremamente lunatica. A volte è la persona più dolce del mondo, altre volte diventa acida e mi risponde male. Io sono nuova, invece lei lavora nella società da ben dieci anni. Vi faccio un esempio: l'altro giorno abbiamo deciso di sistemare delle vecchie pratiche (lei era stata in ferie ed era tornata da poco) e mi ha lasciato un documento da far vedere a un collega, dicendomi solo di chiedere a che punto era con quella pratica. Io, prima di andare a chiederglielo, ho cercato di capire di cosa si trattasse (sia per capirci qualcosa, sia per saper rispondere a una sua eventuale domanda). Purtroppo non ci avevo capito nulla. Così ho deciso di chiederglielo alla mia capa, che con un tono di voce molto aggressivo mi ha risposto: "Non devi farmi certe domande: ho già controllato tutto io e ti ho detto solamente di andare da lui!". Ci sono rimasta malissimo. Più tardi ho lavorato su Word per compilare una lettera; lei è saltata su tutte le furie perché non ho usato un file di lettere già esistente e, soprattutto, perché non avevo messo il numero di protocollo. Sono consapevole di aver sbagliato, ma non c'era bisogno di dirmelo in quel modo».

Quando una persona è presa dalla collera, non ragiona perché è fuori di sé. In questi casi è impossibile discutere con lei in modo costruttivo. È meglio far sbollire la rabbia e poi riportare la conversazione su toni più ragionevoli. È importante che tu trovi il coraggio di affrontare la situazione, perché altrimenti ogni volta si ripresenterà identica. Con questi soggetti devi farti rispettare se non vuoi soccombere. E per farlo utilizza i consigli che ti sono stati dati in queste pagine.

I «sapientoni»

«Sono quelli esperti ma pesanti» che hanno sempre «la» risposta a ogni problema (e non «una» risposta).

Sono indubbiamente persone molto preparate e competenti nel loro ruolo, ma allo stesso tempo sono troppo assillanti. Non insegnano o meglio non sanno insegnare ciò che sanno. Pretendono che tutti siano come loro e che tutti svolgano il lavoro come piace a loro. Sono persone molto rigide e non gradiscono che qualcun altro trovi altri metodi (anche migliori) per lavorare con più efficacia. Anzi, se qualcun altro dovesse provare a esporgli qualche innovazione, costoro risponderebbero stizziti: «Si è sempre fatto così! Perché cambiare?».

Delegano pochissimo, sono accentratori e, se vedono qualcun altro a svolgere il loro lavoro e non lo considerano «esperto», potrebbero reagire così: «Lascia, faccio io!». In realtà hanno molta paura di perdere quello che hanno conquistato negli anni. Vedono l'esistenza umana come ingenerosa, come se avesse messo a disposizione degli uomini una sola torta. Per questo motivo, pensano che se qualcuno prendesse una fetta più grossa agli altri ne toccherebbe di meno. Coloro che hanno questa mentalità sono, di fatto, sopraffatti dalla gelosia e dall'invidia. Trovano molto difficile, ad esempio, condividere le loro vittorie, anche con coloro che li hanno aiutati a raggiungerle. Trovano, anche, molto difficile essere sinceramente lieti per il successo altrui e, in particolar modo, per quello dei loro colleghi. Anche se a parole possono dichiararsi felici per il successo altrui, dentro si «rodono il fegato».

I «sapientoni» si trovano soprattutto fra coloro che hanno più anni di servizio, sia fra la popolazione maschile che femminile. Tra gli uomini li possiamo trovare, in particolar modo, nelle professioni più tecniche o in quei lavori dove sono necessarie abilità manuali (artigiani, operai specializzati ecc.). Per quanto riguarda l'universo femminile, li riscontriamo soprattutto nei lavori amministrativi come ad esempio compilazione buste-paghe, inserimento ordini, fatturazione ecc.

Caso studio: «Lascia, faccio io...».

Siamo all'interno di un'officina e Aldo, che è un giovane apprendista, sta tentando di smontare un motore di un auto per eseguire le operazioni del caso. Mentre è indaffarato nel suo lavoro, arriva Guido, il suo titolare, che senza troppe parole gli dice:
«Pensavo che l'avessi già fatto questo lavoro. Fra qualche ora il cliente arriva per ritirare l'auto. Cavolo, stai facendo un gran casino. Lascia che faccio io. Tu intanto vai a dare una sistemata all'officina prima che arrivi il cliente».

Questa non è la prima volta che Aldo deve lasciare il lavoro a metà per farglielo fare al suo titolare senza capire i suoi errori e le sue aree di miglioramento. Aldo è spesso demotivato, si sente inutile e pensa di non essere più portato per quel lavoro che all'inizio tanto lo appassionava. D'altra parte, Guido considera Aldo un inesperto, una ragazzo adatto solo alle pulizie che non ha voglia di fare nulla («Io alla sua età...»).

Che cosa fare con i «sapientoni»

Innanzitutto, **riconosciamo la loro competenza**. Sono molti anni che ricoprono quel ruolo e sicuramente ne sanno più di noi. Se impariamo a interagire con loro ci guadagneremo anche noi dal punto di vista professionale.

Inoltre, con questi individui bisogna sempre **farsi trovare preparati e ascoltare attentamente le loro spiegazioni**. Siccome sono, spesso, logorroici ma poco chiari nella loro esposizione, è molto utile ricapitolare per verificare se abbiamo compreso ciò che volevano trasmettere. Ad esempio possiamo dire: «Vediamo se ho capito bene...».

Un altro accorgimento molto prezioso per interagire con questi individui sono le domande. **Se fate delle domande precise otterrete risposte precise e operative**: «Cosa potrebbe succedere se...» oppure «Che cosa dovrei fare nel caso in cui...».

Il linguaggio di influenza e gli effetti leva per fronteggiare i «sapientoni»

Anche in questo caso ci troviamo con individui «egocentrici», perciò è più efficace esporre i nostri messaggi partendo dal loro punto di vista. Oltre a ciò, sono persone che si focalizzano sui dettagli e le sequenze di eventi, usano molti aggettivi e avverbi, sono precisi nell'identificazione di luoghi, cose e persone, parlano tanto con dovizia di dettagli. Per comunicare efficacemente con loro, devi dare molte informazioni ed essere preciso nei particolari.

Anche in quest'occasione l'effetto leva della *Pentacomunicazione*® è rappresentato dalla dimensione del coraggio; anche se, con i «sapientoni», devi usare molto bene la dimensione della chiarezza attraverso domande di precisione.

Torniamo al caso studio «lascia, faccio io…» e vediamo come Aldo, il giovane apprendista, avrebbe potuto migliorare la sua situazione.

Soluzione al caso studio: «Lascia, faccio io...».

Riprendiamo dalla frase che Guido, il titolare dell'officina dice ad Aldo: «Pensavo che l'avessi già fatto questo lavoro. Fra qualche ora il cliente arriva per ritirare l'auto. Cavolo, stai facendo un gran casino. Lascia che faccio io. Tu intanto vai a dare una sistemata all'officina prima che arrivi il cliente».

A questo punto, Aldo invece di assecondare alle richieste del suo capo, con «coraggio» avrebbe potuto dire:
«Signor Guido, lei è una persona molto competente e sa un mucchio di cose sui motori e per lei queste cose sono semplici ed è per questo che voglio apprendere come si fa. Le dispiace se rimango qui con lei per imparare dalla sua esperienza? Non si preoccupi per la pulizia, provvederò io stesso a farla prima che arrivi il cliente».

Se il titolare acconsentirà alla richiesta di Aldo, ci saranno buone probabilità che i due migliorino la loro relazione. A questo punto, spetterà ad Aldo, in quella specifica occasione, fare domande e coinvolgere il suo titolare per apprendere il più possibile dall'esperienza.

Qualora, invece, Guido rifiutasse la richiesta di Aldo, la relazione fra i due si potrebbe fare più ostica. In queste circostanza Aldo potrebbe dire:
«Capisco! Se lei è d'accordo con me, vado prima a sistemare l'officina e poi, appena potrà, mi spiegherà in che cosa ho sbagliato. Solo in questo modo un "apprendista può apprendere", non trova?».

Curiosità sui «sapientoni»

E se il «sapientone» fosse un cliente? Che cosa si dovrebbe fare?

Ci sono, in effetti, clienti che ne sanno più del venditore. In questi casi, l'errore è quello di indirizzare la trattativa di vendita su una gara nella quale vince chi ne sa di più.

È molto più saggio, invece, ammettere e valorizzare la loro competenza; in questo modo, hai molte più chance per concludere positivamente la tua vendita.

Dal punto di vista relazionale è importante che tu li ascolti con molta attenzione perché hanno molte cose da dirti e più li ascolterai e più penseranno di aver trovato un altro esperto. Se, al contrario, non ti senti sufficientemente preparato, è molto meglio delegare a qualche altro tuo collega più «esperto» la gestione di questo cliente difficile. Infatti, se il «sapientone» si accorge di essere preso in giro o di essere trattato con superficialità, non solo non acquisterà, ma, cosa peggiore, parlerà male di te e dell'azienda per la quale lavori.

Non devi, però, fare in modo che sia il «sapientone» a condurre la trattativa, il «coltello dalla parte del manico» lo devi avere sempre tu; la danza la devi condurre sempre tu. E, per farlo, utilizza la tecnica della SuperDomanda che hai appreso nel corso di questo libro. Oltre a ciò, con questi soggetti è molto importante che tu ricapitoli ciò che hanno voluto comunicare. Questo espediente ti aiuterà a verificare se hai davvero compreso il loro pensiero e, magicamente, ti aiuterà ad apparire un venditore più competente ed esperto.

E se il «sapientone» fosse il mio capo? Che cosa dovrei fare?

Ascoltiamo questa storia: «Lavorare in un'agenzia immobiliare è dura, ma se hai un capo come il nostro è quasi impossibile. Si sente un filosofo e un motivatore. Ha frequentato qualche corso di PNL e probabilmente letto qualche libro in merito. Ma, invece di motivare, ci deprime. Quando facciamo le riunioni, ci fa domande del tipo: "Un'azienda è sana quando...?". E noi tutti in coro dobbiamo rispondere: "Fa profitti!". "Per fare profitti ci vogliono...?". E noi: "Clienti!". "E per avere clienti bisogna...?". E noi ancora: "Contattarli!". Aiutatemi perché non ne posso proprio più!».

Ci sono, in effetti, persone che pensano che gli altri siano dei «deficienti» o dei buoni a nulla. Con questi soggetti difficilmente riuscirai a crescere e a evolverti professionalmente, perché te lo impediranno in tutti i modi. Dietro alla loro «sapienza» c'è in realtà una grande paura di perdere ciò che hanno conquistato negli anni. In questi casi, il suggerimento deriva, ancora una volta, dalla saggezza popolare: «Fai buon viso a cattivo gioco».

Infatti, in attesa di cercarti una nuova occupazione (perché è questo ciò che devi fare se non vuoi continuare a «roderti il fegato»), sfruttali e «rubagli il mestiere». In che modo? Facendo domande, guardandoli come si comportano, leggendo cosa leggono loro ecc. Perché una cosa è certa: questi soggetti sono «rompicoglioni» ma sono anche «esperti» e, se riuscirai a conviverci, ti troverai in seguito con molta più esperienza.

I «banfoni»

> «Sono quelli che so tutto io» che hanno, ad esempio, letto a malapena un libro e sanno tutto su quell'argomento.

Sono degli «esperti fasulli» che vivono per dimostrare al mondo intero di essere i migliori. A differenza dei «sapientoni» che sono veramente competenti, costoro non solo non sono esperti, ma non sanno neanche quello che dicono. Purtroppo, questa tipologia di individui si trova soprattutto fra i capi intermedi. Ma come è possibile che si verifichi questa situazione? Un manager non dovrebbe essere più competente dei suoi sottoposti? Purtroppo, nella realtà, le cose non sono sempre così. Chi avanza nella carriera non è sempre il più bravo o il più competente; molte volte ci sono persone sbagliate in ruoli sbagliati, con enormi conseguenze negative per l'intera organizzazione aziendale.

Gli «esperti fasulli» desiderano essere ammirati, lodati e rispettati, ed è per questo motivo che preferiscono circondarsi di «yes man» che siano sempre pronti a metterli in buona luce.

Per dimostrare la loro «finta sapienza», ostentano sicurezza: vestono eleganti, hanno begli orologi, penne lussuose e belle auto. Amano farsi chiamare con un titolo accademico (dottore, ingegnere, avvocato ecc.) o con altri titoli (come ad esempio cavaliere, onorevole ecc.) anche se a volte questi titoli sono «fasulli». I loro uffici sono quasi sempre ben arredati e tappezzati da diplomi od onorificenze varie.

Caso studio: «Come si pronuncia?».

Massimo sta conducendo una riunione sul lancio di un nuovo prodotto che ha seguito personalmente e nella sua esposizione usa il termine «plus competitivi» (pronunciando la parola «plus» così come è scritta). Al che, Luca che è il suo diretto superiore lo corregge davanti a tutti:

«Al nostro amico Massimo l'inglese non entra proprio in testa: si scrive "plus" ma si pronuncia "plas"».

Non è la prima volta che Luca lo corregge davanti a tutti mettendolo in imbarazzo. Massimo è consapevole, tuttavia, che Luca è un «sapientone finto», ma non sa come fronteggiare la situazione.

Che cosa fare con i «banfoni»

Anche se non hai stima nei loro confronti e sai che sono degli imbonitori, soprattutto se sono dei tuoi capi, non devi, per nessuna ragione al mondo, smascherarli perché altrimenti per te sarà la fine. Anzi, se capisci che stanno per fare una figuraccia, **soccorrili per salvare loro la faccia**. Successivamente, a tu per tu, puoi spiegargli come stavano le cose.

Queste persone hanno molti difetti, ma se le sai prendere sono individui riconoscenti.

Il linguaggio di influenza e gli effetti leva per fronteggiare i «banfoni»

Solitamente questi individui sono «eterocentrici» ovvero sono sensibili al parere altrui. Per questo motivo, per comunicare meglio con loro puoi usare le seguenti espressioni: «Gli altri dicono che...», «Le confermo che...», «Provi a considerare cosa diranno le persone a lei vicine...». Inoltre, con questi soggetti è molto utile fornire dati, riferimenti, statistiche e testimonianze di altre persone. Non dimenticare, infine, che generalmente i «banfoni» si focalizzano sulla visione d'insieme. Per «ricalcarli» devi dar loro solamente le informazioni necessarie, altrimenti si annoiano.

Per quanto riguarda invece gli effetti leva della *Pentacomunicazione®*, ti devi focalizzare sulla dimensione della chiarezza attraverso la tecnica della SuperDomanda e della comprensione. Se dimostrerai di avere «cuore», queste persone alla lunga te ne saranno grate.

Soluzione al caso studio: «Come si pronuncia?».
Terminata la riunione e in separata sede, Massimo avrebbe dovuto parlare con Luca. – Massimo: «Vedi Luca, durante la riunione mi hai interrotto rimproverandomi di non sapere l'inglese. E hai ragione, tu sei molto più esperto di me in tal senso. Tuttavia, nel caso specifico il termine "plus" deriva dal latino e non dall'inglese. E la regola vuole che si pronunci una parola seguendo la sua origine etimologica. Probabilmente ti sei confuso con la parola "must" che essendo inglese si pronuncia "mast"». – Luca: «Hai ragione tu, mi sono confuso con i due termini...». A questo punto, sarebbe necessario che Massimo concluda la sua comunicazione con una frase a effetto per evitare il ripetersi della situazione. – Massimo: «Non trovi anche tu che interrompere l'altro per queste inezie, soprattutto quando si sta comunicando davanti ad altre persone, sia poco produttivo?».

Curiosità sui «banfoni»

E se il «banfone» fosse un cliente? Che cosa si dovrebbe fare?

Beh, in questo caso puoi anche permetterti di divertirti un po'. Sono, infatti, quei clienti che amano essere adulati, ammirati e, quindi, più li saprai prendere in giro (per non dire altro) e più saranno contenti. Ti consiglio, però, di non esagerare e di farlo sempre con molto «stile» perché se verrai scoperto per te e per la tua azienda sarà la fine.

Se, dunque, sei un venditore e ti devi relazionare con questi «banfoni», cerca di scoprire il prima possibile come si chiamano. Queste persone, infatti, sono molto vanitose e più li chiamerai per nome, magari preceduto da un bel «dottore» (titolo anche «fasullo») e più si sentiranno importanti.

Insomma, il tuo compito è adularli e farli sentire importanti; poco importa se quello che dicono o affermano sia vero o fasullo, per te la cosa importante e che «spendano» e «spandano».

E se il «banfone» fosse il mio capo? Che cosa dovrei fare?

Ecco una testimonianza di un partecipante a miei corsi: «Con tutti i problemi e le difficoltà che abbiamo nel nostro lavoro, devo anche fronteggiare un capo "banfone". Eppure, mi "rode più il fegato" il suo modo di fare che i problemi lavorativi. Non è una persona cattiva, è semplicemente un banfone, irritante e insopportabile. All'apparenza sembra un uomo di grande cultura ed esperienza, in realtà è un emerito millantatore. Se uno dice che ha trascorso le vacanze in Sardegna in moto, lui prende la parola e comincia a raccontare tutte le avventure che ha avuto lui; se qualcun altro parla di una birra straordinaria, lui comincia a tenere una lezione sulle birre; se si parla di nazionale di calcio, lui si atteggia da vice del commissario tecnico; se si parla del Festival di Sanremo, lui parla come se fosse un critico musicale. Per non parlare poi nell'ambito lavorativo. Sembra che la competenza e l'esperienza ce l'abbia solo lui. Io non lo sopporto proprio più. Se non fosse il mio capo lo avrei già mandato a stendere!»

Che dire? A mio avviso, finché si rimane su temi generali (vacanze, calcio, musica, prestazioni sessuali ecc.), chi se ne frega! Ricordati che queste persone sono molto vanitose e desiderose di apparire: se saprai utilizzare questa loro debolezza come tua arma di forza, avrai tutto da guadagnare.

Cosa diversa, invece, se il banfone «mette il becco» su questioni lavorative dove si crede un campione mentre è un emerito ignorante. In questi casi, con tatto e diplomazia, devi intervenire perché altrimenti la figuraccia la farai anche tu, come dimostra il seguente aneddoto: «Eravamo in trattativa con un cliente di origini svizzere, il quale ci regalò delle tavolette di cioccolato della nota azienda svizzera Lindt. Il mio capo incominciò a leggere sul retro della confezione ed esclamò: "Ah, ma la GmbH ha comprato la Lindt, ma pensa te!". Al che, io lo guardai stralunato e imbarazzato, facendogli notare che il termine "GmbH" è l'equivalente tedesco di "s.r.l." (ovvero "società a responsabilità limitata"). Ma non contento, alza la voce per farsi sentire dallo svizzero: "Ma ti stai sbagliando, la GmbH è una multinazionale inglese". A quel punto, il cliente, che fino a quel momento era rimasto in silenzio, incominciò a ridere a crepapelle. Che figuraccia!».

I «brontoloni»

«Sono quelli che piangono sempre, ovunque e nonostante tutto».
Ti coinvolgono nei loro problemi personali, dicono «se solo...».

Il motto del «brontolone» è: «Povero me!». Sono coloro che «piangono» e si «lamentano» di come vanno le cose sia al lavoro che nella loro vita privata senza, però, proporre alcuna soluzione. Hanno un atteggiamento negativo, per costoro la vita dipende dal fato e dalla fortuna.

In ambito lavorativo, la colpa non è mai loro e gli eventuali problemi che si presentano li devono risolvere gli altri.

Se sono titolari di aziende, è facile riconoscerli perché si esprimono così: «Non c'è lavoro»; «Ci sono troppe tasse da pagare»; «Gli operai sono degli scansafatiche»; «Così non si può andare avanti» ecc. Salvo poi scoprire che hanno acquistato gli ultimi modelli di questo e di quest'altro articolo.

I «brontoloni» si trovano anche fra i colleghi. Sono coloro che si lamentano del lavoro, dei capi, dei colleghi, e lo fanno, però, quando sanno di non essere sentiti. Oltre a ciò, ci parlano in continuazione dei loro problemi extralavorativi (vita affettiva, problemi di salute, economici ecc.). Diciamoci la verità: questi individui sono proprio una lagna, una «palla al piede»!

Purtroppo, se gli dai troppa confidenza, questi individui ti assorbiranno molta energia, ma cosa ancora più grave ti faranno emanare frequenze negative. E la negatività genera negatività. Sai già che per la Legge dell'Attrazione se ti focalizzi su ciò che non vuoi, piagnucolando costantemente per quanto siano pessime le tue relazioni interpersonali o la tua situazione finanziaria, stai attirando proprio ciò di cui ti stai lamentando. Lamentandoti, è come chiedere all'universo di avere, in maggiore quantità, proprio ciò che non vuoi!

Caso studio: «Uffa che barba che noia».

È primavera, le giornate incominciano ad allungarsi, e Chiara chiede a Sara di andare a fare due passi nell'ora di pausa. Non l'avesse mai fatto!

Appena fuori dall'ufficio, Sara incomincia a lamentarsi di tutto e di tutti.

– Sara: «Ma ti sembra il caso che il nostro Direttore commerciale ci ponga degli obiettivi anche a noi dell'accoglienza clienti? Non siamo mica dei venditori! Cosa dobbiamo fare, una gara di chi accoglie meglio i clienti? E poi lo sa che razza di cafoni sono i nostri clienti... prima te li "sbologni" e meglio è. Senza poi parlare dei turni di lavoro che te li cambiano di settimana in settimana. Come possiamo organizzare la nostra vita privata?...».

A questa raffica di lamentele, Chiara reagisce così.

– Chiara: «Hai proprio ragione...»

– Sara: «E ci credo che ho ragione... bla bla bla (con altre lamentele)».

Quando Sara avrà terminato di parlare, sarà già ora di rientrare in ufficio e la povera Chiara non solo non si è rilassata, ma ha anche assorbito molta negatività che porterà dentro di sé per tutto il pomeriggio.

Che cosa fare con i «brontoloni»

Che cosa possiamo fare concretamente con questi individui «lamentosi»? La prossima volta che un «brontolone» ti chiama e comincia a parlarti di quanto sia triste la sua vita, quanto odi il suo lavoro o di quanto siano pessime le sue condizioni economiche, hai due scelte: 1) puoi avviare la conversazione, cosa che però farà entrare anche te in uno stato mentale negativo, 2) oppure puoi ascoltare con attenzione quella persona facendogli capire che lo stai prendendo sul serio e, dopo aver sentito a sufficienza le sue espressioni del tipo: «No», «Non voglio», «Non posso», domandargli con serietà: «E allora, che cosa vuoi esattamente?». Questo è un passaggio molto importante che devi tenere a mente: **quando un «lamentoso» passa da ciò**

che non vuole a ciò che vuole, le sue parole cambiano, e quando le sue parole cambiano, cambiano anche le sue vibrazioni da negative a più positive. Ricordati, a questo proposito, che il tuo obiettivo è quello di indirizzare la comunicazione verso la soluzione del problema e, per fare ciò, devi rivolgergli domande precise.

Se le lamentele riguardano, ad esempio, il lavoro, chiedi di metterle per iscritto, di scrivere che cosa intende fare, che azioni intende compiere. Insomma, **devi responsabilizzarlo**.

Il linguaggio di influenza e gli effetti leva per fronteggiare i «brontoloni»

Per comunicare più strategicamente con queste persone, abbiamo detto di spostare la conversazione da negativa a positiva. Tuttavia, alle volte è utile comunicare tramite il loro stesso filtro; per questo motivo puoi utilizzare tu stesso la parola «non» (per esempio potresti dire: «Così facendo non avrai...»; «Non capiterà più che...»; «Non c'è problema...»). Oltre a ciò, sono frasi adatte a loro: «Così facendo eviterai...»; «Agendo in questo modo starai alla larga da...».

Gli effetti leva della *Pentacomunicazione*® sono riconducibili alla dimensione della comprensione. È molto importante che tu ascolti questi individui con molta attenzione, perché in caso contrario ricomincerebbero dall'inizio. Attraverso la comprensione, devi fargli capire che ciò che dicono ti sta a cuore (senza, ovviamente, esagerare con l'effetto valanga). Dopo aver dimostrato di comprenderli, devi utilizzare la dimensione della chiarezza e del coraggio per spronarli a trovare delle soluzioni.

Soluzione al caso studio: «Uffa che barba che noia».

Riprendiamo dalla lamentela di Sara.

– Sara: «Ma ti sembra il caso che il nostro Direttore commerciale ci ponga degli obiettivi anche a noi dell'accoglienza clienti? Non siamo mica dei venditori! Cosa dobbiamo fare, una gara di chi accoglie meglio i clienti? E poi lo sa che razza di cafoni sono i nostri clienti... prima te li "sbologni" e meglio è. Senza poi parlare dei turni di lavoro che te li cambiano di settimana in settimana. Come possiamo organizzare la nostra vita privata?...».

A questa raffica di lamentele, Chiara invece di assecondarla, avrebbe dovuto agire così.

– Chiara: «Senti Sara sono le 13 e 45, alle 14 dobbiamo rientrare in ufficio, per cui ci restano 15 minuti per parlarne seriamente di quello che stai esponendo. Allora, che cosa pensi di fare esattamente? Come pensi di trasformare le tue idee in azioni concrete?».

– Sara: «Non so, non ho nessuna idea in merito. Il mio era solo uno sfogo».

– Chiara: «Capisco. Allora, visto che per il momento non hai ancora le idee chiare su come fare per risolvere la situazione, che ne dici di prenderci un buon gelato e non pensarci più?».

Quando sono messi alle strette, generalmente i «brontoloni» incominciamo a cambiare discorso, perché costoro pensano che a risolvere i problemi siano gli altri e non loro.

Ricordiamoci che le persone «difficili» non le cambiamo, il nostro scopo è quello di trovare delle forme di difesa per non soccombere e farci «rodere il fegato». Chiara, se non altro, è riuscita a mangiarsi un gelato e distrarsi per alcuni minuti prima di rientrare in ufficio.

Curiosità sui «brontoloni»

E se il «brontolone» fosse un cliente? Che cosa si dovrebbe fare?

Generalmente i clienti «brontoloni» sono quelle persone diffidenti che non si fidano di nessuno. Per questo motivo, sono abbastanza temuti perché difficili da gestire. Si lamentano di tutto e di tutti, a torto o a ragione. Generalizzano («Voi assicuratori siete *tutti* uguali»; «È possibile che i vostri prodotti siano *sempre* difettosi?») e hanno regole molto rigide che difficilmente cambiano. Inoltre, i «brontoloni» sono molto sensibili al prezzo: chiedono sconti, omaggi, concessioni ecc.

Anche in questo caso, non ci sono facili ricette per gestire questa tipologia di individui «difficili»; ogni caso è a sé e dovrebbe essere affrontato sul momento. Posso, comunque, suggerirti alcuni stratagemmi. Innanzitutto, falli sfogare e non interromperli; dopodiché sposta la sua attenzione da «ciò che non vuole» a «ciò che vuole». Come ho già avuto modo di dire, questo passaggio è molto importante perché, quando l'attenzione si sposta da «ciò che non si vuole» a «ciò che si vuole», le parole cambiano e diventano molto più positive e propositive. Attraverso questo espediente avrai la possibilità di indirizzare la tua trattativa di vendita verso una direzione migliore rispetto a come si era avviata inizialmente.

Un altro stratagemma molto utile da adottare con i «brontoloni» è quello di responsabilizzarli, soprattutto se l'argomento in questione riguarda i reclami. Costoro, infatti, amano lamentarsi sempre e comunque; per questo motivo, se ti dovessero stressare troppo con le loro lamentele, invitali a fare un esposto scritto alla Direzione: nove volte su dieci non solo non lo faranno, ma smetteranno di «roderti il fegato».

E se il «brontolone» fosse il mio capo? Che cosa dovrei fare?

Incominciamo con una testimonianza: «Sono esausta. Lavoro come commessa in un negozio di abbigliamento e in questo momento gli affari non stanno andando come vorrebbe la mia titolare. Per questo motivo, si lamenta e "piange" in continuazione. Ma ciò che più mi fa stare male è quando a fine mese mi rinfaccia il mio misero stipendio».

In questi casi non hai molte chance: o cambi azienda oppure ti devi adattare. Sai, però, dalla Legge dell'Attrazione che si attira proprio ciò che non vogliamo; pertanto, un capo che ha questi pensieri dominanti è destinato, prima o poi, alla bancarotta. Per questo motivo, stai molto attento a frequentare questo tipo di ambienti perché alla lunga ti contagiano. E per non farti contagiare sposta, quando ti è possibile, l'attenzione da «ciò che non si vuole che capiti» a «ciò che si vuole che accada» e per farlo puoi dire al tuo capo: «Ok Geometra (nome formale del tuo capo), questo è quello che non vuole, ma che cosa vuole che accada esattamente?».

Gli «inaffidabili»

«Sono quelli che dicono sì... sì» ma poi non fanno nulla creandoti serie difficoltà.

Sono coloro che fanno promesse, giurano su questo e quello, ma, alla fine, non fanno nulla di quello che hanno detto. Perché si comportano così? Perché prendono impegni che sanno di non mantenere, ma che per non deluderci ci dicono «sì… sì».

Sono, solitamente, persone simpatiche, estroverse, carine con tutti, che a parole si fanno in quattro per aiutare, ma che nel momento del bisogno ci mollano.

A livello caratteriale non creano grossi problemi, ma ci possono «rodere il fegato» perché nel loro lavoro non sono precisi, e questo ci può causare serie difficoltà.

Caso studio: «Conta pure su di me».

Stefano lavora presso lo studio di un commercialista e ha bisogno di alcune informazioni da Edoardo che si occupa dell'Iva trimestrale.

– Stefano: «Ciao Edoardo, come va?».

– Edoardo: «Alla grande! Ieri sono stato al concerto di Vasco Rossi… spettacolare. Perché una sera di queste non usciamo assieme? Ho scoperto un locale dove suonano musica jazz».

– Stefano: «Sei molto gentile e sicuramente non mancherà l'occasione per andare in questo locale… sai quanto mi piace la musica jazz. Sono qui Edoardo, però, per il foglio Excel sui dati dei nostri clienti che hanno la scadenza dell'Iva trimestrale, riesci come promesso a consegnarmelo per venerdì?».

– Edoardo: «Venerdì? Ma sarà pronto per mercoledì al massimo!».

– Stefano: «Grazie. Mi raccomando, conto su di te!».

Intanto i giorni passano e arriva venerdì.

– Stefano: «Allora Edoardo, hai fatto il lavoro di cui ci siamo parlati nei giorni scorsi?».

– Edoardo: «Non ancora… ma credimi che te lo faccio… pazienta fino a lunedì e sarai soddisfatto del lavoro svolto! A proposito, come è andata la partita di ieri sera?».

A questo punto ti chiedo: «Secondo te, quante possibilità ci saranno che il lavoro di Edoardo sia pronto per il lunedì successivo?».

Che cosa fare con gli «inaffidabili»

Dobbiamo responsabilizzarli e metterli di fronte al fatto compiuto («Sono tre volte consecutive che mi hai detto che...»). Dobbiamo, inoltre, **fargli capire che il loro contributo è molto importante per noi e che gli impegni che si assumono li consideriamo «promesse»**.

Solitamente gli «inaffidabili» reagiscono alle loro lacune con mille scuse cercando di suscitare pietismo nel prossimo. Non cadere nella loro trappola. Non devi provare pena. Anzi, **devi fargli capire che non se la caveranno facilmente**. Nel lavoro così come nella vita bisogna essere seri e precisi. E questi individui non devono più trovare persone che li giustifichino, perché a rimetterci sarai tu e la tua azienda.

Il linguaggio di influenza e gli effetti leva per fronteggiare gli «inaffidabili»

Per fronteggiare questi individui non c'è un particolare linguaggio di influenza, ma ci sono degli effetti leva della *Pentacomunicazione®* che sono riconducibili alla chiarezza e alla dimensione del coraggio. Innanzitutto, con queste persone devi essere preciso e pretendere precisione (utilizza, a questo proposito, la tecnica della SuperDomanda). Oltre a ciò, questi individui devono capire che con te non la passeranno tanto facilmente liscia; per questo motivo utilizza la dimensione del coraggio.

Soluzione al caso studio: «Conta pure su di me».
Riprendiamo dalla risposta di Edoardo alla richiesta di Stefano. – Edoardo: «Venerdì? Ma saranno pronti per mercoledì al massimo!». A questo punto, Stefano avrebbe dovuto responsabilizzare meglio Edoardo, perciò invece di dire semplicemente: «Grazie. Mi raccomando, conto su di te!». Avrebbe dovuto dire: – «Edoardo, apprezzo il fatto che mi stai dando una mano e so anche che sei molto impegnato e vorrei sapere come pensi di farcela... per me sono davvero molto importanti questi dati». Il dialogo sarebbe dovuto proseguire così. – Edoardo: «Non ti devi preoccupare, credimi, i tuoi dati saranno pronti per venerdì. Fidati». – Stefano: «Aspetta un attimo, so che hai un sacco di cose da fare. Siamo onesti, questi dati riesci a farmeli avere per tempo oppure hai bisogno di una mano? Come pensi di fare?». È probabile che a questo punto Edoardo ceda e vi dica la verità. – Edoardo: «Hai ragione tu Stefano sono proprio incasinato e non so proprio come fare per accontentare tutti». – Stefano: «Ok! Vediamo come possiamo risolvere la situazione. La prossima volta però dimmi da subito come stanno le cose, così non perdiamo tempo entrambi».

Curiosità sugli «inaffidabili»

E se l'«inaffidabile» fosse un cliente? Che cosa si dovrebbe fare?

Per cliente inaffidabile intendiamo un cliente che non paga puntualmente, un cliente che non si fa trovare agli appuntamenti, un cliente che sbaglia gli ordini, un cliente che non risponde al telefono, alle e-mail ecc. Insomma, un cliente che sarebbe meglio non avere! Purtroppo, il numero di questi clienti sta aumentando, io stesso ve lo posso confermare. Svolgo la mia attività formativa anche presso enti di formazione dove vengono gestiti finanziamenti pubblici, e i pagamenti per noi consulenti sono, ahimè, sempre molto in ritardo!

Nel rapporto con questi soggetti, l'effetto leva è quello della «chiarezza». Mettete per iscritto tutto quello che potete (termini di pagamento, modalità di consegna ecc.) e soprattutto «non date per scontato nulla». E se poi continuano a non rispettare i patti, agite sulla «dimensione del coraggio» pretendendo ciò che vi è dovuto. Infine, il mio suggerimento è quello di incominciare a «tagliare i rami secchi» e di liberarvi di questi soggetti, perché sono costoro che continuano a «rodervi il fegato».

E se l'«inaffidabile» fosse il mio capo? Che cosa dovrei fare?

Ecco cosa mi ha confidato un mio allievo: «Due anni fa, decisi di licenziarmi da un "posto sicuro" che non mi stimolava più, per entrare a far parte di un importante progetto imprenditoriale legato all'industria alberghiera. Il capo del progetto era un amico di famiglia, una persona molto carismatica, sui cinquant'anni. Il mio compito era quello di affiancarlo su questo progetto innovativo e di costruire assieme a lui una squadra di persone motivate e vincenti. I termini dell'accordo, però, non erano mai stati ben chiari, ma l'impresa mi stimolava e mi affascinava. Sono trascorsi due anni, ma la situazione non è migliorata. Ancora oggi non capisco quale sia il mio ruolo. Non ho certezze sul futuro. Eppure non so come fare. Non vorrei deludere chi mi ha dato fiducia e stima. Il nostro è un accordo fra gentiluomini, fra amici. Se gli chiedo di metterlo per iscritto è come tradire la nostra fiducia».

Un capo inaffidabile è colui che vi fa promesse e promesse ma poi non ne mantiene una. Anche in questi casi, lasciatelo nel suo brodo e fate solamente lo stretto necessario, perché non vale davvero la pena sacrificare la vostra vita per questi soggetti.

Un'altra testimonianza rilasciata da un mio allievo apprendista è emblematica: «Ero stato assunto come aiuto cuoco in un importante ristorante della mia città. Il titolare all'atto dell'assunzione mi aveva fatto molte promesse e io ci avevo creduto. Inizialmente lavoravo anche 14 ore al giorno senza interruzioni. Mi impegnavo al massimo, perché ero fiducioso di ricevere presto le ricompense che mi erano state promesse. Purtroppo, col tempo presi consapevolezza che ero stato ingannato. Nulla di quello che mi era stato ventilato si stava realizzando. Ora mi sono stufato! Faccio solo le ore di lavoro che mi competono e non vedo l'ora di trovare un nuovo ristorante a cui offrire la mia professionalità».

Casi come questi ne ho sentiti a centinaia e non mi stupisco più di incontrare nelle aule giovani demotivati, presi in giro e umiliati. Purtroppo, cari imprenditori, come recita un proverbio: «Chi semina vento raccoglie tempesta!».

I «franchi tiratori»

«Sono quelli che con le loro parole lanciano frecciate».
Sono quelli che fanno battute su tutto e tutti e poi dicono: «Stavo solo scherzando!».

Sono anch'essi convinti di avere sempre ragione. Sono coloro che sparano «sentenze» su tutto e tutti e poi, se vengono scoperti, dicono: «Non mi prenderai mica sul serio... stavo solo scherzando!». Le loro battute sono «acide», così come il loro atteggiamento non verbale. Infatti, sorridono, sghignazzano e violano gli spazi interpersonali altrui.

Sono individui che seminano zizzania, insopportabili, pieni di sé, che hanno la «puzza sotto il naso», che si rendono davvero antipatici. Ma fanno ancora peggio: ti rendono la vita lavorativa un inferno. E se non vuoi soccombere devi capire le loro strategie e mettere in atto delle controstrategie.

Caso studio: «Ma stavo solo scherzando».
Mario compie gli anni e ha deciso di invitare a casa sua i suoi colleghi di lavoro per fare un po' di festa. – Mario: «Avevo invitato anche Ornella, ma mi ha mandato un sms nel quale ha detto che non potrà venire». – Franca: «Meglio così: ci sarà da mangiare più per noi visto che non mi sembra che ci sia una grande abbondanza». – Elda: «Chi ha fatto questa torta salata?». – Mario: «Vi piace?». – Franca: «Oh sì, se non ti viene il diabete. Sto scherzando, naturalmente. Per sicurezza comunque domani vado a fare gli esami del sangue». – Elda: «Che battuta divertente. Sei proprio una sagoma Franca». La serata prosegue con numerose frecciate da parte di Franca che ne ha per tutti e in particolare per Mario.

Che cosa fare con i «franchi tiratori»

Con i «franchi tiratori», **la miglior strategia è quella di stanarli subito prima che possano spararvi altre frecciate**.

In pratica, devi portare allo scoperto le frecciate che hai ricevuto e, in separata sede, chiedere un chiarimento sul senso delle loro battute. Per esempio, potresti dire: «Da quello che hai detto mi sembrava di scorgere una frecciata...»; oppure «Stavi dicendo sul serio quando...».

È importante che tu affronti il «franco tiratore» da solo, perché è una persona che ama esibirsi e desidera essere al centro della situazione. Per questo motivo, **se lo affronti in pubblico non avrai la meglio**.

È probabile che quando li affronti a tu per tu, i «franchi tiratori» reagiscano così: «Ma te la prendi troppo!»; «È possibile che non accetti mai gli scherzi...». Anche di fronte a queste reazioni è utile domandare se stanno dicendo sul serio.

Il linguaggio di influenza e gli effetti leva per fronteggiare i «franchi tiratori»

Solitamente i «franchi tiratori» sono individui «egocentrici», perciò è più efficace che tu esponga i tuoi messaggi partendo dal loro punto di vista. Oltre a ciò, per comunicare efficacemente con loro devi dare molte informazioni ed essere preciso nei particolari. Per quanto riguarda, invece, gli effetti leva della *Pentacomunicazione*®, essi sono rappresentati, soprattutto, dalla dimensione del coraggio (se non osi affrontarli continueranno a «roderti il fegato») e dalla dimensione della chiarezza (con queste persone devi essere preciso). Può anche essere molto utile far ricorso alla dimensione della cortesia, facendogli capire quanto per te sia importante l'educazione e il rispetto reciproco.

Soluzione al caso studio: «Ma stavo solo scherzando».

Nel caso specifico di Mario, a conclusione della festa egli avrebbe dovuto affrontare da solo Franca per chiedergli un chiarimento.
– Mario: «Franca, ti ricordi le battute che hai fatto sulla mia torta salata e su Ornella? Beh, tu sei una persona davvero spiritosa, ma mi pare che ci fosse una frecciatina in quel che hai detto. Dimmi la verità, Franca, dicevi sul serio?».
– Franca: «Ma no! Ma certo che no! Come te la prendi Mario. Qual è il tuo problema? Non accetti neanche una semplice battuta. Sei proprio irascibile».
– Mario: «Sono certo, Franca, che volevi solo scherzare, ma dalle tue parole ho colto che c'erano delle frecciatine. Dimmi la verità, dicevi sul serio? Anzi, se devo essere sincero ho colto un'altra frecciata quando mi hai detto un momento fa che me la prendo troppo e che non so stare agli scherzi. Vorrei sapere: anche in questo caso, dicevi sul serio?».

Curiosità sui «franchi tiratori»

E se il «franco tiratore» fosse un cliente? Che cosa si dovrebbe fare?

Ascoltiamo questo racconto: «Mi trovavo per caso a prendere un aperitivo dopo aver terminato il mio turno di lavoro, quando vedo entrare una persona che in compagnia di altre tre si accomoda vicino al mio tavolo. Dopo aver fatto mente locale, mi sono ricordato che quella persona era stata nel nostro negozio di scarpe ma che non aveva comprato nulla. Non l'avevo servita io, ma il nostro titolare. Mentre sorseggiavo la mia bevanda, sentivo quel tizio che parlava ai suoi amici in modo negativo del nostro negozio. Ecco, suppergiù, che cosa disse: "Stamattina avevo visto un modello di scarpe che faceva al caso mio. Il titolare mi fa provare un paio di scarpe che mi vanno a pennello. Sono sul punto di acquistarle e, mentre sto per pagare, mi accorgo che le scarpe avevano sfumature di colore diverso. Chiedo spiegazioni. Ma non ricevo spiegazioni, solo scuse campate per aria. Me ne sono andato senza acquistare nulla. In quel negozio non ci metterò mai più piede". Mi ha colpito quella conversazione che ho sentito per caso, perché mi sono chiesto quante persone, senza che noi ne siamo consapevoli, possono sparlare agli altri di noi e della nostra attività».

In questi casi ci troviamo di fronte a clienti insoddisfatti, ma che non lo dicono apertamente. Preferiscono parlare male di noi e della nostra azienda ai loro amici o parenti. Purtroppo, le statistiche rilevano che solo un 10% dei clienti scontenti si prende la briga di esporre un reclamo; i restanti si limitano ad andarsene e parlano con altri della loro esperienza negativa. Per questo motivo, durante i miei corsi di formazione, dico sempre che un cliente che si lamenta va trattato con riguardo; perché, se non altro, avete ancora la possibilità di rimediare. I problemi sorgono, infatti, con quelli che non dicono nulla e poi cambiano fornitore. Peggio ancora se poi questi clienti sono dei «franchi tiratori» che sparlano di voi e della vostra azienda.

Come rilevano alcuni studi, molti clienti non espongono reclami soprattutto per questi due motivi: 1) pensano sia inutile preoccuparsi o perdere tempo, intanto le cose non cambieranno; 2) non sanno dove e a chi esporre il reclamo.

Per migliorare la vostra situazione, chiedetevi come potete aiutare il vostro cliente – che ha un motivo serio di lamentarsi – a superare questo modo di pensare e vedrete che le cose miglioreranno.

E se il «franco tiratore» fosse il mio capo? Che cosa dovrei fare?

Iniziamo ancora una volta da una storia vissuta: «Lavoro in call center per un'azienda di recupero crediti. Siamo una ventina di ragazzi e facciamo tutti un lavoro che non ci piace. I clienti ci insultano e ci minacciano tutti i santi giorni; tutto questo, vi posso assicurare che non è molto bello! Basterebbe questo per "rodersi il fegato". E, invece, ci si mettono anche i superiori che ti guardano male, ti insultano, spettegolano e, se possono, ti pugnalano alla schiena. Ma perché? Non basta un lavoro orrendo e sottopagato, ci vogliono anche i "franchi tiratori" a rovinarti la vita?».

Ebbene sì, sono questi soggetti i veri responsabili del «mal d'ufficio», non il lavoro in sé. Infatti, un lavoro sgradevole e demotivante si può anche accettare a patto, però, di trovarsi in un ambiente di lavoro piacevole.

C'è poco da dire, in queste situazioni l'unica soluzione è allearsi con chi la pensa come te. Ti suggerisco, poi, di non dare troppa confidenza ai «franchi tiratori» e, se ti è possibile, metti in atto le controstrategie che ti ho suggerito in questo capitolo.

I «disfattisti»

> «Sono quelli che dicono sempre no». Dicono no su tutto, sono pessimisti, diffidenti.
> Il loro motto è: «Aspettati il peggio e non sarai mai deluso».

Sono persone infelici e vorrebbero che tutti fossero infelici. Le riconosciamo dalla loro espressione che è sempre triste, seria. Quando aprono bocca, lo fanno solo per manifestare il loro disfattismo. Infatti, di fronte a un problema di lavoro, la loro reazione è del tipo: «Lasciamo stare. Non si può fare nulla!».

Sono individui negativisti a 360°. Qualunque cosa tu gli proponga, la loro prima risposta sarà: «No!». Ma il «no» è chiusura, freddezza, mancanza di dialogo e genera la voglia di reagire con durezza.

Dove si trovano i «disfattisti»? In tutti gli ambienti di lavoro sia pubblici che privati. Pensiamo, ad esempio, a quanti addetti «disfattisti» si trovano negli enti pubblici (comuni, anagrafi, aziende di trasporto pubblico, ferrovie dello stato, poste, ospedali ecc.). Penso che ciascuno di noi abbia fatto esperienze terrificanti con questi individui che sembrano addestrati per rompere i «coglioni» a noi utenti/clienti. È vero che molte cose stanno cambiando anche in questi ambienti, e lo posso testimoniare io stesso quando vado in aula presso queste strutture; tuttavia, il modo di essere di molti addetti è ancora molto lacunoso.

I «disfattisti» sono, però, presenti anche presso numerose organizzazioni private. Anzi, e questo può sembrare paradossale, ho trovato molti «disfattisti» tra chi detiene posizioni di comando. Quanti sono i progetti innovativi di quei numerosi lavoratori che si impegnano al massimo per la loro azienda, che vengono puntualmente bocciati senza dare loro delle giustificate ragioni? Non mi stupisco che molte persone, in questi ambienti disfattisti, perdano a poco a poco la loro motivazione e il loro entusiasmo.

Un altro contesto nel quale si trovano molti «disfattisti», e anche in questo caso sembra paradossale, è quello dei venditori come dimostrerà il caso studio che segue.

Caso studio: «Mi dispiace, ma non si può fare!».

Massimo era andato a cena con i suoi colleghi di lavoro. Insieme decisero di andare a mangiare la pizza presso una catena di franchising abbastanza nota nella sua città.

Il posto, anche se rinomato, era abbastanza squallido e poco accogliente. Ciascuno scelse la propria pizza dal menu che fu consegnato al tavolo.

Massimo desiderava, invece, qualcosa che non era presente sul menu: «Una pizza margherita con delle olive nere tostate». Una pizza davvero «fuori dalle righe» (si fa per dire!).

Arrivò la cameriera e domandò, con fare sbrigativo, cosa avessero scelto. Per ogni ordinazione, la ragazza annotava su un palmare le scelte fatte dai suoi clienti: pizza 1 (corrispondeva alla «margherita»), pizza 2 (corrispondeva alla «napoletana») e così via.

Quando arrivò il turno di Massimo, la cameriera con voce ferma e decisa disse:

– «Mi dispiace, ma non si può fare! Facciamo solo pizze presenti sul menu». Senza aggiungere altro.

Così, il povero Massimo dovette accontentarsi di mangiare una semplice pizza «margherita» facilmente digitabile sul palmare della «gentilissima» cameriera.

Che cosa fare con i «disfattisti»

Innanzitutto devi contrapporti a loro in modo positivo ma allo stesso tempo realistico. È, però, pressoché inutile che tu ti sforzi per fargli cambiare idea. Sono persone negative e, in un certo senso, stanno bene nella loro condizione. Ciò che, invece, devi fare è fronteggiare la situazione affinché non ci siano ripercussioni su di te e sugli obiettivi che intendi perseguire.

Per esempio, potresti utilizzare la tecnica dell'**analisi del peggio**. Essa consiste nel domandare al «disfattista»: «Qual è la cosa peggiore che ti potrebbe succedere se...».

Devi tenergli testa, così come agli altri «rompicoglioni», in modo assertivo, perché, soprattutto, se hanno un ruolo complementare rispetto a te, difficilmente cederanno. In questo caso, potresti chiedere un colloquio con un loro superiore: una minaccia verbale può essere molto efficace («Senta facciamo così. Io ora andrò a esporre quanto accaduto al suo diretto superiore e vediamo che cosa mi dirà»). Con fatica e «rodendoti un po' il fegato», se agirai così, riuscirai a raggiungere i tuoi obiettivi.

Il linguaggio di influenza e gli effetti leva per fronteggiare i «disfattisti»

Per comunicare più strategicamente con queste persone, bisogna farlo tramite il loro stesso filtro. E il loro filtro è basato soprattutto su un linguaggio negativo, caratterizzato da parole come: «No», «Non», «Devo» ecc.

Per quanto riguarda, invece, gli effetti leva della *Pentacomunicazione*®, essi sono riconducibili, soprattutto, alla dimensione del coraggio. Se non osi, se «non tiri fuori le unghie», con questi personaggi è la fine perché ti schiacceranno.

Vediamo, ora, che cosa avrebbe potuto fare Massimo per gustarsi la sua pizza «margherita con le olive tostate nere».

Soluzione al caso studio: «Mi dispiace, ma non si può fare!».
Riprendiamo il caso studio dall'ultima affermazione della cameriera che con voce ferma e decisa disse a Massimo: «Mi dispiace, ma non si può fare! Facciamo solo pizze presenti sul menu». A questo punto, invece di cedere, Massimo avrebbe potuto domandare semplicemente: – «Mi scusi signorina, ma qual è la cosa peggiore che le potrebbe succedere se si annota questa pizza su un foglio a parte e gliela comunica al pizzaiolo?». E se la signorina avesse continuato a insistere che «non si può fare», Massimo avrebbe potuto chiedere (questa volta con un tono di voce più deciso e severo): – «Mi scusi, signorina, ma secondo lei è peggio che io me ne vada insieme ai miei colleghi oppure che si trovi una soluzione?». Nove volte su dieci, dopo aver insistito, con questi individui avrete ottenuto una soluzione soddisfacente. In ogni caso, consigliamo a Massimo di non tornare più in quella pizzeria.

Curiosità sui «disfattisti»

E se il «disfattista» fosse un cliente? Che cosa si dovrebbe fare?

Incominciamo con un episodio raccontato da una mia allieva che ricopre il ruolo di account presso un'agenzia di pubblicità: «Avevamo tempo fa un cliente che bocciava senza valide ragioni qualsiasi proposta creativa gli presentassimo. Il risultato di questa campagna pubblicitaria (fatta secondo questa "mentalità disfattista") è stato, ahimè, fallimentare».

Come commentare questa situazione? Mi viene da ripetere un noto proverbio che sintetizza alla perfezione quanto accade in questi casi: «Chi è vittima dei suoi mali, pianga se stesso!».

E se il «disfattista» fosse il mio capo? Che cosa dovrei fare?

Ecco un'altra testimonianza: «Lavoro alle Ferrovie dello Stato come manutentore. Il nostro compito è quello di controllare i treni e verificare che siano in condizioni per partire. Sono mesi che cerchiamo di dare dei suggerimenti al nostro diretto superiore per migliorare il lavoro e fare in modo che i clienti abbiano un treno sicuro e confortevole. A ogni nostro suggerimento, il nostro capo ha sempre risposto che "Non si può fare!". Fino a che siamo arrivati al collasso. A quel punto il capo del nostro capo ha convocato un consulente, che gli sarà costato un occhio della testa. Quel furbacchione di consulente non ha fatto altro che mettere per iscritto tutti i nostri suggerimenti che ripetevamo da anni. Il nostro capo diretto li ha presi come "manna dal cielo" e ora si vanta che il merito è suo!».

Quello che mi viene da pensare, ascoltando questa storia, è che meglio tardi che mai. In molte aziende che conosco gli anni passano e i problemi rimangono, anzi si moltiplicano.

È davvero difficile, per chi ha voglia di lavorare e impegnarsi, convivere in questi ambienti «disfattisti». In questi casi, hai due possibilità: arrenderti o trovare alleati. Nel primo caso, corri il rischio di annoiarti e di non sentirti più importante. Nel secondo caso, se trovi gli alleati giusti hai la possibilità di dare ancora un senso e un significato al tuo lavoro e, forse, far fuori il tuo capo. A te la scelta!

I «gusci»

> «Sono quelli che si chiudono». Sono quelle persone che se ne stanno sempre zitte, che non trasmettono nessuna reazione.

Ci sono persone che non amano comunicare e socializzare. Sono individui che si chiudono al mondo esterno e non manifestano nessun tipo di feedback, positivo o negativo che sia. Sembra che ti ascoltino ma in realtà stanno pensando ad altro. Ma perché si comportano così? Le risposte dipendono da caso a caso e da situazione a situazione; tuttavia i principali motivi possono essere due:

1) sono confusi, non hanno le idee chiare su cosa dire o fare;
2) pensano che non parlando possano ottenere dei vantaggi.

Questi individui «difficili» non causano, generalmente, grandi stress poiché possiamo anche evitarli. I problemi sorgono quando, per qualche ragione, dobbiamo interagire con loro per questioni lavorative. E, dal momento che dobbiamo collaborare con loro, abbiamo anche necessità dei loro feedback che, come abbiamo detto, stentano a esternare.

Caso studio: «Lasciatemi stare. Ho capito tutto!».
Ilaria è una ragazza molto introversa e poco socievole che lavora presso l'ufficio contabilità di un'importante azienda multinazionale. Passa la maggior parte del suo tempo lavorativo all'interno del suo ufficio, dove è impegnata a completare la

sua documentazione sui rimborsi spesa dei venditori impegnati nelle trasferte di lavoro. Conosce appena i suoi colleghi, comunica le informazioni minime indispensabili ai venditori sui loro rimborsi spesa e basta. Nessuno dei suoi colleghi le rivolge la parola, perché sanno che andrebbero incontro a un monologo.

Ilaria, però, fuori dal lavoro è un'altra persona. È appassionata di musica. Suona molto bene tre o quattro strumenti. Appena termina la sua giornata lavorativa, raggiunge i suoi amici per provare con loro i pezzi del prossimo concerto. Trascorre le sue serate a eseguire o ad ascoltare la musica. Purtroppo, Ilaria ha deliberatamente sacrificato una parte della sua vita, quella dedicata al lavoro, non ricevendo nessuna soddisfazione personale.

Giulia, al contrario di Ilaria, è una ragazza molto estroversa e socievole che lavora come responsabile commerciale nella stessa azienda. Ha bisogno, per motivi lavorativi, di confrontarsi con la sua collega Ilaria.

– Giulia: «Scusami Ilaria, io devo terminare la mia relazione di fine anno sull'attività della rete vendita. Hai terminato di analizzare i dati che ti avevo richiesto?».

– Ilaria: «Non ancora».

– Giulia: «Pensi di farcela per venerdì?».

– Ilaria: «Davvero non lo so».

– Giulia: «Volevo solo sapere se hai capito come voglio questa analisi».

– Ilaria: «Penso di sì. Ti dispiace se adesso torno al lavoro?».

– Giulia: «Va bene. Ci vediamo venerdì».

Peccato che il venerdì successivo Giulia si troverà l'analisi fatta da Ilaria con dati incompleti e non corrispondente alle sue reali esigenze.

Che cosa fare con i «gusci»

Con questi individui **devi essere tu a sollecitare un feedback** facendo, ad esempio, delle domande aperte: «Cosa ne pensi rispetto a quello che ci siamo detti...?». Stimolato il feedback, devi poi rimanere in **silenzio**. È molto importante che tu faccia in modo che il silenzio lavori per te. A questo proposito, puoi aiutarti con la comunicazione non verbale assumendo uno sguardo interrogativo e aspettando che sia l'altro a parlare. **Ricordati, però, di usare il silenzio non come un'accusa ma come una domanda**. Se, infatti, il «guscio» percepisce il silenzio come un'accusa si chiuderà ancora di più in se stesso e sarà davvero molto difficile poter poi interagire con lui.

Se la strategia del silenzio assertivo non dovesse sortire alcun risultato, devi insistere, ma questa volta con più coraggio e meno cortesia. Il tuo scopo deve essere quello di fargli capire che non se la caverà facilmente e che per lavorarci assieme hai bisogno del suo feedback e del suo impegno.

Per comunicare con efficacia con i «gusci» è opportuno, inoltre, che tu ti accerti che abbia davvero compreso quello che gli stavi trasmettendo. Capita, infatti, che costoro dicano di aver capito, mentre in realtà non hanno proprio compreso nulla. Per evitare questi episodi spiacevoli, devi accertarti che il «guscio» abbia veramente compreso il tuo messaggio nella sua interezza. Per questo motivo, ti consiglio di domandare: «Per essere sicuro di averti trasmesso correttamente le mie istruzioni, vorresti, per cortesia, ricapitolarmi quanto detto fin qui?». E se il «guscio» dovesse dirti che non c'è bisogno e che per lui tutto è chiaro, non esitare a insistere: «Lo so che hai capito alla perfezione tutto quanto ed è proprio per questo che non avrai nessuna difficoltà a farmi una sintesi di quanto esposto fino a questo momento». Ricordati di **non dare mai nulla per scontato**. Grazie a questa tecnica scoprirai quante informazioni vengono omesse anche da chi era sicuro di avere compreso tutto. Così facendo, anche se all'inizio ti sembrerà un processo lento, alla lunga questo metodo ti farà risparmiare tempo, fatica e, soprattutto, «ti roderai molto meno il fegato».

Il linguaggio di influenza e gli effetti leva per fronteggiare i «gusci»

Come abbiamo detto, i «gusci» sono tali perché non solo non desiderano conversare, ma anche perché non amano prendere le iniziative e aspettano che siano gli altri a prenderle. Riassumiamo alcune caratteristiche linguistiche relative ai «gusci»:

- usano frasi incomplete, senza soggetto o senza verbo (es. «È bene che...»);
- usano i verbi in forma passiva;
- usano il condizionale;
- prima di rispondere ci pensano due volte.

Per comunicare con loro usa il seguente linguaggio di influenza: «Cerca di capire», «Rifletti», «Analizza», «Aspetta», «Considera», «Ora che hai riflettuto», «Quando ti sarà più chiaro», «Si potrebbe», «Si dovrebbe». Queste espressioni, se sapientemente utilizzate, ti permetteranno di comunicare meglio con loro.

Per quanto riguarda, invece, gli effetti leva della *Pentacomunicazione*®, devi far ricorso alla chiarezza e alla dimensione del coraggio. Ricorda che devi essere tu a «cavargli le parole dalla bocca» e per farlo devi essere assertivo e determinato.

Soluzione al caso studio: «Lasciatemi stare. Ho capito tutto!».

Riprendiamo da questo punto del dialogo.
– Giulia: «Volevo solo sapere se hai capito chiaramente come voglio questa analisi».
– Ilaria: «Penso di sì. Ti dispiace se adesso torno al lavoro?».
– Giulia: «Va bene. Ci vediamo venerdì».
E no! Giulia non doveva rispondere in questo modo, dando per scontato che le sue istruzioni fossero chiare. Ecco, invece, quello che avrebbe dovuto dire.
– Giulia: «Certo che puoi tornare al lavoro. Ma prima voglio essere sicura di averti fatto comprendere come voglio l'analisi dei dati. Sono certa che tu abbia compreso... ma alle volte pensiamo di aver capito e poi invece dobbiamo rifare il lavoro».

Attraverso questa potente domanda Giulia si potrà accertare se Ilaria abbia davvero compreso le sue istruzioni.

Curiosità sui «gusci»

E se il «guscio» fosse un cliente? Che cosa si dovrebbe fare?

Incominciamo con una testimonianza di un agente di commercio che ha frequentato i miei corsi: «Tempo fa mi sono trovato a interagire con un cliente che mi ha davvero messo in soggezione. La nostra azienda offre soluzioni relative alla telefonia fissa e mobile, e io ero intento a spiegargli le nostre offerte, ma dopo venti minuti di spiegazioni non avevo ancora ricevuto nessun tipo di feedback positivo o negativo che fosse. Mi sembrava di fare un monologo. Devo confessare che per me è stato molto frustrante e non ho saputo mettere in atto un comportamento adeguato alla situazione. Il cliente in questione mi guardava con un sguardo dubbioso, non faceva domande e, dopo un po', sono crollato. L'ho salutato e me ne sono andato».

Questa situazione, per fortuna, non è molto frequente; tuttavia possono capitare circostanze di questo tipo. Tant'è che, per superare l'esame di agente di commercio, alla prova scritta può essere posta la seguente domanda: «Se al momento della presentazione di un venditore, il cliente dimostrasse disinteresse, scarsa attenzione e pochissima partecipazione, cosa sarebbe meglio fare?». Le risposte previste dal test sono le seguenti: a) cercare di attirare l'attenzione con ogni mezzo; b) andarsene salutando cordialmente; c) aspettare che il cliente parli per primo.

E tu che risposta daresti? Questa è una domanda che mette molti venditori in difficoltà, ma la risposta corretta è la «c». Infatti, un venditore professionista non dovrebbe temere il silenzio. Per questo motivo, se ti dovesse capitare di interagire con un cliente «guscio», a conclusione della tua presentazione, aspetta che sia il «guscio» a parlare e, se non lo dovesse fare, attendi con pazienza in silenzio e vedrai che incomincerà a parlare.

E se il «guscio» fosse il mio capo? Che cosa dovrei fare?

Ecco cosa mi ha raccontato una mia allieva: «Lavoro da alcuni anni in uno studio di progettazione e ho un capo ufficio veramente strano. Siamo una quindicina di impiegati che lavorano fianco a fianco otto ore al giorno. Siamo una bella squadra, usciamo anche la sera per sfogarci un po'. Ma del nostro capo non so davvero che cosa pensare. Non è cattivo, ma è uno che non sa scherzare, né condividere emozioni, è freddo, silenzioso e anche un po' musone. È stato recentemente in vacanza alle Maldive e gli ho chiesto com'è stato e lui mi ha risposto: "Bello, ma troppo caldo!". Quando gli era nata la figlia, gli ho chiesto se era felice. Mi ha risposto: "Abbastanza". Quando, invece, sono io a raccontargli dei miei figli o della mia famiglia o di altro ancora, non commenta mai. Ascolta e annuisce senza espressioni sul viso. Ma è normale? Questo suo atteggiamento mi fa proprio "rodere il fegato!"».

Ci sono persone, che nel lavoro sono impeccabili, ma socialmente un disastro. Sono impenetrabili, sembrano non provare emozioni, sentimenti o stati d'animo. Se hai la sfortuna di lavorare con loro, le giornate sono davvero eterne. Qualche sana battuta, qualche bella risata sono il sale e il condimento di un buon clima lavorativo. In questi casi, c'è da augurarsi di trovare almeno dei colleghi che siano un po' più briosi, altrimenti è davvero la fine!

I «marpioni»

«Sono quelli che ci provano». Per loro le parole hanno sempre un doppio significato perché il loro intento è quello di sedurti.

Sono quegli individui, generalmente di sesso maschile, che utilizzano delle strategie furbesche e poco trasparenti per conquistare l'altro sesso. Si sentono «fighi», dei «superman» e hanno dei modi tutti loro per far presa sul «gentil sesso». Sono spesso persone fastidiose e invadenti. Le loro parole hanno sempre un doppio significato e i loro comportamenti sono irritanti e disgustosi per chi li riceve. Purtroppo, questi individui non si arrendono e continuano nelle loro strategie di «corteggiamento», speranzosi che prima o poi la loro «vittima» si conceda.

Care donne, con questi soggetti non dovete avere pietà, altrimenti per voi è la fine. Dovete stanarli subito, prima che la situazione vi sfugga di mano.

Caso studio: «Mi piaci, ma quanto mi piaci».

Valeria ha 26 anni ed è stata appena assunta come account presso un'importante agenzia pubblicitaria dove lavorano altri suoi colleghi. Valeria è davvero una bella ragazza e molto attraente. Veste in modo appariscente e i suoi colleghi maschi fanno a turno per farle i complimenti. In particolare, c'è Riccardo, un grafico che ha 45 anni, single, che l'apprezza più degli altri.

È arrivata da poco la bella stagione e Valeria, come d'altra parte molte altre sue colleghe, indossa abiti sempre più scollati e... a cotanto fascino... Riccardo proprio non resiste. Dall'inizio del mese di maggio, non può più fare a meno di andarla a trovare. Va nel suo ufficio dieci volte al giorno e cerca di farla venire nel suo con pretesti diversi che non ingannano nessuno. Valeria, esasperata, decide di affrontare il problema.

– Valeria (con un volume di voce piuttosto elevato): «Non ne posso più del tuo comportamento rozzo e villano. Da quando sono arrivata non fai altro che importunarmi. Io ho una mia vita privata che non voglio condividere con te. Sono qui per lavorare e non voglio più essere oggetto delle tue attenzioni. Sono stata chiara?».

– Riccardo: «Non mi aspettavo una reazione così violenta da parte tua. È vero che mi piaci molto e non lo posso nascondere. Il tuo sguardo, il tuo modo di vestire mi fanno venire strani pensieri. Cerca di capirmi. Come posso concentrarmi con questa bella visuale? Non sono mica "fatto di legno"!».

– Valeria (gridando ancora di più): «Ma allora proprio non capisci. Non mi interessi. Anzi, se continui su questa strada, sarò costretta a parlarne con chi di dovere»

Come possiamo notare, la reazione di Valeria è molto aggressiva. È vero che è esasperata dal comportamento di Riccardo che sta durando da parecchie settimane, tuttavia non è detto che raggiunga i suoi scopi. Anzi, Riccardo potrebbe anche, in qualche modo, fargliela pagare. In ogni caso, i loro rapporti si sono deteriorati definitivamente.

Che cosa fare con i «marpioni»

L'errore più grave è quello di aspettare troppo. Ogni conflitto o situazione difficile è opportuno affrontarli al più presto. Più si rimanda, più aggressività si accumula e più faticoso sarà intervenire in modo assertivo. Ricordati, a questo proposito, che il comportamento assertivo confina con quello aggressivo e che quest'ultimo non ti darà tutti i vantaggi del primo.

Così come hai fatto con gli altri individui «difficili», devi tenere testa (da subito) anche ai «marpioni», altrimenti non riuscirai a liberartene facilmente.

Esponi chiaramente i fatti e i tuoi sentimenti o le tue reazioni, senza però urlare ed essere aggressiva. **Pretendi un loro impegno, perché i conflitti si risolvono assieme**.

Un ruolo chiave per la tua riuscita è rappresentato dalla **comunicazione extraverbale**. Innanzitutto, la tua voce deve essere calma ma decisa (senza urlare). In secondo luogo, è molto importante il contatto oculare, più li guarderai negli occhi e più acquisirai autorevolezza nei loro confronti. In terzo luogo, non ridere perché, se lo farai, il «marpione» lo interpreterà come un segnale per continuare a sedurti. Infine, ti consiglio di moderare comunque il tuo abbigliamento. La sobrietà, uno stile curato e il buon gusto sono e saranno sempre apprezzati nella maggior parte dei casi [4]. Al contrario, l'eccesso o la stravaganza sono elementi che violano la dimensione della cortesia.

Il linguaggio di influenza e gli effetti leva per fronteggiare i «marpioni»

I «marpioni» sono individui «egocentrici», perciò è più efficace che tu esponga i tuoi messaggi partendo dal loro punto di vista. Per ciò che riguarda gli effetti leva della *Pentacomunicazione®*, possiamo sicuramente dire che con i «marpioni» la dimensione del coraggio è la più importante. Con costoro devi tirare «fuori le unghie» senza però diventare troppo aggressiva. Vedere una bella ragazza che urla e che viola la dimensione della cortesia non è davvero un bello spettacolo. Ti posso assicurare che non c'è bisogno che tu arrivi fino a questo punto; a patto che tu affronti la situazione da subito con assertività e chiarezza.

Torniamo al caso studio «mi piaci, ma quanto mi piaci» e vediamo come Valeria avrebbe potuto migliorare la sua comunicazione con Riccardo.

Soluzione al caso studio: «Mi piaci, ma quanto mi piaci».
Come ho già detto, Valeria (la protagonista di questo caso studio) ha aspettato troppo per manifestare il suo disappunto. In ogni caso, avrebbe potuto comunicare così. – Valeria rivolgendosi a Riccardo con voce decisa ma non aggressiva: «Dal mio arrivo in questo ufficio, ho la netta sensazione che tu ti interessi molto più a me che al tuo lavoro. Cerco di fare la mia attività in modo soddisfacente, ma tu mi disturbi di continuo con ogni pretesto. Mi hai invitato a cena dieci volte dall'ini-

zio del mese e credevo che i miei rifiuti fossero chiari. Voglio dirti, una volta per tutte, che sono qui per lavorare, che ho una vita personale, che vivo come voglio io, e della quale non desidero in nessun caso farti partecipe. Vorrei che questo fosse ben chiaro tra noi e che non si ponesse più il problema. Amo molto questo lavoro, ma questa situazione mi sta mettendo in seria difficoltà. Possiamo vedere una volta per tutte di risolvere il problema?».

– Riccardo: «Non mi aspettavo una reazione così violenta da parte tua. È vero che mi piaci molto e non lo posso nascondere. Il tuo sguardo, il tuo modo di vestire mi fanno venire strani pensieri. Cerca di capirmi. Come posso concentrarmi con questa bella visuale? Non sono mica "fatto di legno"!».

Come vedi, la risposta di Riccardo è la stessa di quella data precedentemente, nonostante la comunicazione di Valeria sia stata molto più assertiva di prima. Non ti devi preoccupare, perché i «marpioni» hanno una testa dura e più le loro «vittime» sono difficili da conquistare e più ci provano gusto.

– Risposta di Valeria alla provocazione di Riccardo: «Scelgo di vestirmi come voglio e questo non ti deve riguardare. Ma torniamo al mio problema: cosa pensi di fare per non darmi più fastidio?».

– Riccardo: «Forse si potrebbe uscire insieme una volta?».

Ancora una volta il «marpione» non si dà per vinto. Ha adocchiato la sua «preda» e non la vuole mollare.

– Risposta di Valeria all'ennesima provocazione di Riccardo: «Mi dispiace proprio che tu faccia fatica a capire. Ti pensavo una persona un po' più intelligente, ma mi sbagliavo. Ti ripeto che non mi interessi. Ho una mia vita privata e non ho nessuna intenzione di uscire con te. Siamo qui per lavorare e mi dispiacerebbe davvero che a causa della tua testardaggine rovinassimo questo clima lavorativo. Ma se così fosse, non avrei paura! Sono stata sufficientemente chiara?».

Curiosità sui «marpioni»

Tu hai parlato di «marpioni» che ci provano con il «gentil sesso». Ci sono, invece, «marpione» che approfittano del «sesso forte»?

È più raro, ma potrebbe accadere. Mi viene in mente il film *Attrazione fatale*, nel quale il protagonista, interpretato dall'attore Michael Douglas, è letteralmente sedotto da una dirigente editoriale. Purtroppo, per lui e la sua famiglia, il suo adulterio si trasformerà in un incubo.

I consigli per resistere alle «marpione» (sempre che tu desideri resistervi, e comunque ti invito a farlo per non violare la dimensione della coscienza) sono gli stessi che ho dato per le donne.

E se il «marpione» fosse un cliente? Che cosa si dovrebbe fare?

Leggiamo che cosa mi ha confidato una mia allieva su un «cliente marpione»: «Mi è capitato, tempo fa, che un cliente, con molti più anni di me, mi facesse delle avance promettendomi delle laute ricompense. Ero molto imbarazzata da questa situazione. Insisteva per portarmi a cena al di fuori del contesto lavorativo e... non sapevo proprio come comportarmi. Avevo paura di procurare un dispiacere al mio capo e all'intera azienda per la quale lavoravo. Poi, per fortuna, ho tirato fuori il mio "coraggio" e ho raccontato tutto al mio capo, il quale mi è stato molto vicino. Da allora non ho mai più incontrato quell'individuo!».

In questi casi, sfogarsi, trovare la forza di dire quello che sta succedendo o è successo a persone per noi significative, sono ottimi stratagemmi per liberarsi dalla morsa del marpione. Ancora una volta, però, ti consiglio di non aspettare troppo, prima che la situazione ti sfugga di mano.

E se il «marpione» fosse il mio capo? Che cosa dovrei fare?

Ecco una testimonianza su un «capo marpione»: «Alcuni anni fa, lavoravo per una multinazionale alimentare e io, appena laureata, ero stata inserita in un progetto a termine nella divisione "grandi eventi". Il mio lavoro era davvero avvincente: ci occupavamo di sponsorizzazioni, rapporti con i media ecc. Il nostro capo era carismatico, riverito, quasi venerato da alcune mie colleghe. Non facevano altro che parlare di lui, delle sue importanti conoscenze, delle sue belle auto e dei suoi tanti soldi. Devo confessarvi che io stessa, in quel periodo, ero inebriata. Poi un giorno, senza tanti giri di parole, il mio capo ci ha "provato". Nulla di male in questo, d'altronde si sa come vanno le cose in certi ambienti. Solo che da quando gli dissi "no", cambiò tutto. Divenne freddo, scontroso, e le stesse mie colleghe mi guardavano dall'alto in basso; la mole di lavoro aumentò e le mansioni lavorative anche. La mia vita divenne un inferno: ero sempre stanca, nervosa e depressa. Per fortuna che il lavoro era a termine. Ora, invece, lavoro in un'azienda molto più piccola, ma sono più felice e serena».

Com'è importante non scendere a patti con la propria coscienza! Questa ragazza, protagonista di questa disavventura, è stata coraggiosa e molto determinata nonostante avesse tutti contro. In questi casi, saper dire di «no» non ha prezzo!

In questo capitolo hai imparato a fronteggiare gli «ostili», hai compreso le loro strategie e hai capito come disarmarli. Sono sicuro che troverai la forza per imparare a «roderti meno il fegato», perché andare a lavorare non deve diventare una «tortura». Come disse il famoso drammaturgo, narratore e saggista irlandese George Bernard Show: «Quando morirò vorrò essere sfinito, perché quanto più lavorerò tanto più a lungo potrò vivere. La vita non

è solo una candela che si consuma per me. È una specie di splendida torcia che mi è stata prestata e io voglio consumarla il più possibile, prima di passarla alle generazioni future».

In un momento di riflessione!

[1] Questa classificazione tiene anche conto dei lavori svolti dal dottor Robert Bramson pubblicati nel suo libro *Coping with Difficult People*. In Italia questo lavoro è stato tradotto da Somedia: *Come comunicare anche con le persone difficili*, in «Self management», Somedia, Milano 1999.

[2] Questo prezioso strumento vi permetterà di esporre messaggi più incisivi e, soprattutto, più motivanti nei confronti di questi individui «difficili». Si veda: Shelle Rose Charvet, *Le parole della mente*, Franco Angeli, Milano 2005; Fabrizio Pirovano, *La comunicazione persuasiva*, De Vecchi, Milano 2004.

[3] Si veda: http://www.lavoce.net/.

[4] Per approfondire il tema dell'abbigliamento: Massimo Piovano, *Sviluppare il proprio carisma*, De Vecchi, Firenze 2010; *L'abito fa il monaco*, in «Vita&Salute», marzo 2006.

Domande frequenti

Ti propongo, a conclusione di questo manuale, una serie di domande che ricorrono con molta frequenza durante i miei seminari sulla *Pentacomunicazione*®. Con l'augurio che la risposta a queste domande e la costante applicazione dei principi esposti in questo libro ti possano aiutare a «roderti meno il fegato» e a vivere meglio la tua vita lavorativa e non solo.

Il «mal d'ufficio» si riferisce solamente ai lavori impiegatizi?

Assolutamente no. Il termine «mal d'ufficio» è, infatti, un'espressione per indicare il malessere vissuto all'interno del proprio ambiente lavorativo. E, come abbiamo visto, le cause principali di tale malessere sono da imputare all'ambiente umano, all'antagonismo dei colleghi, alle angherie dei superiori, alle pressioni di capi troppo esigenti e per nulla gratificanti. Purtroppo, nessun luogo lavorativo è immune da tale sindrome. Può essere presente in contesti pubblici come in quelli privati; in lavori impiegatizi come nelle professioni più manuali, in piccole realtà lavorative come nelle grandi multinazionali.

Qual è il tono di voce più adatto per affrontare gli «ostili»?

Nel processo comunicativo, la voce ha un ruolo molto importante perché attraverso di essa generiamo stati d'animo diversi nell'interlocutore. Eppure non siamo abituati a dare il giusto peso alla voce nell'interazione con gli altri, e per questo a volte risultiamo poco incisivi e meno persuasivi. Ciro Imparato, noto doppiatore professionista, ha recentemente scritto un libro, *La tua voce può cambiare la tua vita*, nel quale sostiene che le voci che utilizziamo hanno un colore. Per questo motivo, dobbiamo chiederci qual è il colore più appropriato per comunicare con i «rompicoglioni». Secondo il Metodo FourVoiceColors®, ideato dallo stesso Ciro Imparato, è la **voce verde** quella più indicata. Perché? «Perché la voce verde è la più importante di tutte, perché attraverso di essa possiamo negoziare le nostre idee e creare un clima di fiducia. La voce verde proviene dalla nostra "coscienza" perché è la voce della nostra sincerità. La voce verde è la voce della pace, della calma e della leadership vera. Pertanto, quando qualcuno ti attaccherà, impara a rispondere con la voce verde e vedrai che "magicamente" riuscirai a placare gli animi»[1]. Ma come si crea una voce verde? Il volume deve essere medio-basso a testimonianza della nostra volontà di dialogare, piuttosto che discutere. Il tono deve essere basso per dare l'impressione di essere tranquilli e pacati. Il tempo deve anch'esso essere lento, perché non abbiamo fretta: siamo rilassati e vogliamo rilassare. Infine, le pause devono essere esitanti, a riprova che stiamo soppesando le parole.

Quali altri «colori» si possono utilizzare per comunicare con più efficacia?

Oltre al color verde, nel Metodo FourVoiceColors® si parla di altri tre colori: il giallo, il blu e il rosso. Il **colore giallo** è la voce della simpatia, caratterizzata da un grande sorriso, costante e sincero. È la voce degli speaker radiofonici: simpatici, sorridenti, cordiali e sempre ben disposti verso tutti. Ma come si crea la voce gialla? Innanzitutto, bisogna usare un volume medio-alto e a esso dovrà essere associato il sorriso che andrà mantenuto per tutto il tempo in cui continueremo a parlare con la voce gialla. Per quanto riguarda il tono della voce, sarà alternativamente alto e basso a seconda di ciò che si andrà a esporre (più acuto nelle fasi concitate e più basso in quelle discorsive). La velocità sarà sostenuta per generare negli altri quel senso di energia e divertimento caratteristico delle persone simpatiche. Infine, le pause dovranno essere brevi. In quali situazioni è più strategico utilizzare la voce gialla? Quando l'approccio sorridente ti porterà un vantaggio nella comunicazione (ad esempio, quando incontri qualcuno che da tanto tempo non vedevi più o per incominciare un colloquio di vendita).

Un altro colore di voce molto importante è quello **blu**, che è il colore dell'autorevolezza, della verità e dell'affidabilità. Come si crea la voce blu? Il volume sarà medio-alto e il tono dovrà essere tendenzialmente basso e conclusivo. Afferma Ciro Imparato nel suo libro: «La voce blu deve portare l'ascoltatore a pensare che le cose che stiamo dicendo siano come scolpite nella roccia: dirette, sicure, affidabili e incontrovertibili». Il tempo dovrà essere medio, sicuramente non veloce, qualche volta rallentato, per andare a scandire con più precisione gli elementi che vogliamo che le persone ricordino maggiormente. Per quanto riguarda le pause, dovranno essere nette, secche, sospensive. Quando è utile la voce blu? Soprattutto quando dovrai comunicare dei dati e o dei fatti oggettivi (è la voce dei negoziatori, dei venditori, dei manager, dei leader ecc.).

Infine, abbiamo la **voce rossa**, che è la voce della spontaneità, dell'emotività e del calore umano. Come si crea la voce rossa? Per prima cosa, il volume dovrà essere decisamente alto, per farsi sentire ma, soprattutto, per trasmettere la nostra passione. Il tono dovrà essere medio-alto, perché siamo trascinati dagli argomenti che stiamo trasmettendo. Il tempo sarà veloce e il ritmo incalzante perché stiamo trasmettendo passione ed entusiasmo. Quando è utile la voce rossa? Quando desideri coinvolgere chi hai intorno, per far capire che è arrivato il momento di cominciare a divertirsi. Per questo motivo, non è utilizzabile sempre, ma soltanto in quei casi in cui hai intorno persone che siano entrate con te in una relazione d'intimità.

Ci sono, invece, voci negative che è meglio non riprodurre?

La risposta è affermativa. Secondo Ciro Imparato, i due colori da non usare mai sono il grigio e il nero. La **voce grigia** è la voce della noia e dell'apatia, quella che si sente, purtroppo, in molti ambienti pubblici o tra gli operatori telefonici. Questa voce è facilmente riconoscibile perché è scialba, piatta e inespressiva. La **voce nera**, invece, è la voce della rabbia e dell'ostilità. È la voce che si crea quando si discute, anziché, dialogare. I suoi effetti sono davvero dannosi per chi la riceve ed è per questo motivo che ti invito a non riprodurla mai.

Tu hai descritto dieci tipologie di «difficili», ce ne possono essere anche altri?

Le persone che ho descritto sono quelle più temute e difficili da gestire. Tuttavia, in un ambiente di lavoro, ci possono essere altri soggetti che creano problemi. Tra questi segnaliamo gli «**scrocconi**», ovvero quelli che se ne approfittano. Sono individui che chiedono, chiedono e non restituiscono mai il dovuto. Ottenute piccole concessioni, non si accontentano e chiedono sempre di più. Possono essere pericolosi perché, se non fai attenzione, ti condurranno verso un vicolo cieco. Il consiglio che ti posso dare è quello di stanarli subito. Non dargli confidenza e, se insistono, agisci con autorevolezza e fermezza dicendo «no».

Un'altra tipologia di persone che causano stress all'interno del proprio ambiente di lavoro è rappresentata dagli «**scansafatiche**», ovvero quelli che non hanno voglia di fare un bel niente. Nel mio dialetto piemontese c'è un'efficace espressione per descriverli: «Scapa travai che mi rivu» (tradotto in italiano: «Scappa lavoro che sto arrivando»). Sono quegli individui che non si assumono mai le loro responsabilità e qualunque cosa può succedere all'interno della loro azienda non è affar loro. Facciamo un esempio. Avete fatto la fila a uno sportello e, quando è arriva il vostro turno, l'impiegata vi risponde pressappoco così: «Spiacente, deve chiamare (andare in) un altro ufficio. Non trattiamo questa pratica». Evviva! Altra fila, altro regalo. Anche con questi soggetti non bisogna avere pietà. Non è più tollerabile, con le difficoltà occupazionali che sta vivendo l'Italia, avere persone che non diano il massimo nel loro lavoro. Per questo motivo, se hai all'interno dell'ambiente di lavoro, colleghi che «battono la fiacca», vai «giù pesante» perché è giunto il momento per costoro di rimboccarsi le maniche e lavorare[2].

Ci sono persone che presentano più tratti caratteriali «difficili»?

La risposta è assolutamente affermativa. Per comodità, ho descritto i «difficili» per categorie, ma le persone sono molto più complesse di quello che può esporre un manuale. Pertanto, potresti imbatterti, ad esempio, in un rompicoglioni «prepotente» e allo stesso tempo «sapientone finto» e «marpione». Che «bel mix», non trovi? Le combinazioni possono essere le più disparate e, se vuoi raccontare le tue esperienze, lo puoi fare attraverso il mio sito internet.

Ho un collega, all'interno del mio ufficio, che puzza (alito cattivo, sudore sgradevole ecc.), è impossibile convivere con lui perché ti manca il respiro. Che suggerimenti mi potresti dare?

Capisco che sia una situazione imbarazzante oltre che molto fastidiosa. Purtroppo queste persone violano la dimensione della cortesia e forse nemmeno se ne rendono conto, perché se ne avessero consapevolezza probabilmente correrebbero ai ripari. Il mio suggerimento è quello di evitare di prendere la cosa alla larga e buttare lì ogni tanto espressioni del tipo: «Ma lo sentite anche voi questo odore terribile? Che ne dite se apriamo un po' la finestra per cambiare aria?». Questa strategia è poco efficace perché la persona chiamata in causa non si sente responsabilizzata e difficilmente cambierà le sue cattive abitudini. In queste situazioni bisogna essere diretti e assertivi. Prendi il «puzzone» da parte e, senza che nessuno ti senta, esponi la situazione in modo chiaro e preciso. Potresti anche utilizzare l'umorismo, molte volte funziona. Ecco cosa, ad esempio, potresti dirgli: «Oh, ma stanotte hai dormito in una stalla?». Vedrai che dopo un paio di volte la situazione migliorerà. E, se proprio non migliora, utilizza quest'ultimo espediente che ha utilizzato un mio allievo con successo. Rivolgendoti al «puzzone», digli:
– «Ciao, tieni questo numero, potrebbe esserti utile!»
– «Cos'è?»
– «Il numero di un bravissimo consulente di coppia.»
– «Ma io sono single!»
– «Ah, scusa pensavo avessi litigato con il "sapone"!».

È vero che le donne sono molto più «scaltre» degli uomini?

Sono luoghi comuni, non si può generalizzare. In ogni caso, durante i miei corsi di formazione, propongo al pubblico femminile la seguente storiella, che voglio condividere anche con te.

Le donne sono intelligenti. Ma...

Una donna stava giocando a tennis, ma colpì male la palla spedendola tra gli alberi. Andò nel bosco per recuperarla e trovò una rana in trappola, che le disse: «Se mi liberi esaudirò tre desideri!». La donna liberò la rana, che disse: «Grazie, ma ho dimenticato di riferirti una condizione: qualsiasi desiderio esprimerai, il tuo partner (fidanzato, marito) riceverà la stessa cosa di valore dieci volte maggiore!». La donna accettò. Come primo desiderio chiese di diventare la più bella del mondo. La rana avvisò: «Il tuo compagno diventerà l'uomo più bello in misura dieci volte maggiore: tutte le donne si innamoreranno di lui!». La donna rispose: «Non è un problema, perché io sarò la più bella e lui avrà occhi solo per me!». Così, ZAM, diventò la più bella del mondo! Come secondo desiderio chiese di essere la più ricca del mondo. La rana avvisò: «Il tuo partner sarà però dieci volte più ricco di te!». La donna rispose: «Non importa, ciò che è mio è suo e ciò che è suo è mio!». Così, ZAM, diventò la donna più ricca del mondo! La rana le chiese il terzo desiderio e la donna disse: «Vorrei avere un leggero attacco di cuore...».

Morale della storia: le donne sono davvero intelligenti e scaltre; pertanto, non scherzarci sopra!

Attenzione care lettrici: questa è la fine della storia per voi. **Solo per i lettori maschi**: capovolgete la pagina e leggete.

L'uomo ebbe un attacco di cuore DIECI VOLTE PIÙ LEGGERO DI SUA MOGLIE! Morale della storia: le donne pensano di essere scaltre. Lasciamo che continuino a pensarlo e gustiamoci lo spettacolo.

P.S. Se sei una donna e stai ancora leggendo, è la riprova che non sai ascoltare!

Gentilissima lettrice, anche tu hai capovolto il libro e letto il finale? Se lo hai fatto, sei in buona compagnia perché il 99% delle donne fa esattamente come hai fatto tu.

A parte, comunque, le battute, sono fermamente convinto che tutti (sia uomini che donne) dovremmo andare a «scuola di ascolto». Peccato, però, che non esistano tali accademie!

Come posso contribuire a migliorare il mio «ambiente di lavoro»?

Ognuno di noi è responsabile al 100% del suo clima lavorativo. Non devi, quindi, aspettare che siano gli altri a creare un più sereno ambiente di lavoro, perché la prima mossa spetta a te.

Può essere difficile, soprattutto se stai lavorando in un luogo di lavoro dove non ti trovi a tuo agio, ma grazie alle tecniche che hai appreso in questo libro sono certo che troverai delle strade per imparare a «non roderti più il fegato» contribuendo a migliorare il tuo «ambiente di lavoro».

Perché in Italia la maggioranza delle persone non è soddisfatta del proprio lavoro?

Il nostro è un paese che ama lamentarsi e piangersi addosso. Molte persone l'hanno fatto diventare il loro «sport preferito». Anzi, al riguardo abbiamo dei veri «campioni del lamento» che non fanno altro che piangere miseria e trascorrere tutta la vita nella disperazione e nella frustrazione.

A mio avviso, invece, lamentarsi può essere molto pericoloso per il nostro benessere psicologico. A questo proposito, c'è una frase, scritta dalla poetessa americana Maya Angelau, che mi piace molto perché evidenzia quanto sia inutile e improduttivo lamentarsi: «Se non ti piace qualcosa, cambiala. Se non puoi cambiarla, cambia il tuo atteggiamento. Non lamentarti!».

Come posso far «lavorare» la Legge dell'Attrazione a mio favore?

Innanzitutto imparando ad assumerti la piena responsabilità di quello che ti accade. Cosa fanno, invece, la maggior parte delle persone quando non raggiungono i risultati sperati? Iniziano a prendersela con le circostanze esterne: «Se ci siamo ridotti così, la colpa è del nostro capo perché...»; «Non si può lavorare con colleghi scansafatiche come questi...»; «Il mercato è saturo, che cosa continuano a pretendere...»; «Questi clienti sono insopportabili, come facciamo a essere gentili...» ecc. Insomma, come sostiene Julio Velasco, noto allenatore della nazionale italiana maschile di pallavolo, ciascun individuo cerca un alibi ai suoi insuccessi[3].

Per far «lavorare» la Legge dell'Attrazione a tuo favore, incomincia seriamente a evitare di ascoltare quelli che piangono e si compiangono, poiché la loro può essere una malattia contagiosa. Come disse Rudyard Kipling: «Ci sono quaranta milioni di ragioni per fallire, ma non una sola scusa».

Come possiamo migliorare la comunicazione all'interno del nostro ufficio?

Innanzitutto, incominciate col comunicare di più e meglio. In molti uffici non ci si parla nemmeno. E non mi sto riferendo a comunicazioni volte a socializzare, ma a comunicazioni inerenti al lavoro. Molti uffici hanno difficoltà a trasmettere informazioni corrette, chiare e precise. Non si risponde alle e-mail ricevute (anche quelle importanti e urgenti) creando serie difficoltà. La *Pentacomunicazione*® è nata proprio con lo scopo di sensibilizzare meglio le persone a una comunicazione più sana e corretta. Perché la «comunicazione è vita».

Mi è davvero difficile essere assertivo. Non so cosa mi capita, ma quando devo far valere le mie ragioni è come se avessi paura, mi agito, respiro male e mi viene come un nodo alla gola. Che cosa mi consigli di fare?

Questa difficoltà è molto più diffusa di quanto tu possa credere e colpisce sia la popolazione più giovane che quella più adulta, sia gli uomini che le donne. Non ci sono facili ricette per ribaltare tali stati d'animo né per eliminare le insicurezze individuali. Molto spesso, esse derivano dal contesto sociale e famigliare in cui siamo cresciuti o dalle nostre pregresse esperienze lavorative, non sempre positive. Ci sono però strade che è possibile percorrere, se non altro per tenere sotto controllo lo stato ansioso e per attivare uno stato d'animo vincente. Innanzitutto, se ti è possibile, fai delle domande: questo, perché ti aiuterà a sbollire la tua rabbia. Anzi, quando ti senti in collera, prima di sbottare, dovresti fare alcune domande. Potrebbe succedere, infatti, che il tuo interlocutore ti racconti il susseguirsi di alcune circostanze attenuanti, in grado di fermarti prima che tu possa aggiungere altro. Oltre a ciò, è molto importante che tu tenga sotto controllo la tua respirazione. Se, infatti, respirerai in modo affannoso, la tua comunicazione sarà percepita come concitata e ansiosa. Impara a inspirare dal naso ed espirare dalla bocca facendo profondi respiri e il tuo stato ansioso si attenuerà[4].

Ho difficoltà ad accettare le critiche, mi metto sulla difensiva, controbatto, mi arrabbio ecc. Come posso migliorare questo aspetto del mio carattere?

Il timore di ricevere le critiche nasconde, in realtà, un senso di insicurezza e la paura del giudizio altrui. È come se la critica fosse rivolta alla nostra persona e non alla nostra performance. Un insuccesso è, quindi, vissuto come un fallimento e non semplicemente come il risultato di un metodo inadeguato o di una preparazione frettolosa o insufficiente. Spesso perdiamo di vista il fatto che, nel lavoro come nella vita, i feedback ricevuti, anche se non li condividiamo, rappresentano momenti di crescita. Per questo motivo, è molto meglio ricevere un feedback negativo che magari non condividiamo, piuttosto che non sapere nulla su come stiamo procedendo, per poi rendersi conto solo alla fine di dover rifare tutto ciò che avevamo fatto fino a quel momento.

Ancora un consiglio, quando ti arrivano delle critiche, positive o negative che siano, non prenderle mai come qualcosa di personale. Questo consiglio l'ho appreso dal libro *I quattro accordi* di don Miguel Ruiz. «In pratica – osserva Ruiz – ciò che fa soffrire l'essere umano si chiama "importanza personale", ovvero la tendenza a prendere tutto sul piano personale, come se tutto il mondo ruotasse attorno a noi. Se qualcuno ti dice qualcosa di spiacevole, la verità è che quella persona sta affrontando le proprie emozioni, opinioni e convinzioni. Cerca di inviarti del veleno e, se prendi in modo personale ciò che ti dice, il veleno passa dentro di te. Basta, però, non prendere nulla in modo personale per essere immuni al veleno. Quando nulla viene preso in modo personale, si evitano sentimenti di rabbia, gelosia, rancore, invidia»[5].

Com'è meglio reagire di fronte a un torto o un'offesa?

La scienza medica non ha dubbi: attraverso il perdono. Se praticherai l'arte del perdono, rimarrai più in salute e, soprattutto, «non ti roderai più il fegato».

Perdonare, infatti, non è solo un atto nobile, un richiamo a un principio etico cristiano («Perdona le nostre offese come noi perdoniamo a chi ci ha offeso», recita la versione moderna del Padre Nostro); ma anche un modo per fare del bene e stare meglio in salute.

Perdonare non comporta necessariamente giustificare o dimenticare le offese subite e riconciliarsi con i responsabili, ma rinunciare al diritto di provare esasperazione e irritazione, e di covare un desiderio di vendetta.

Ho letto, recentemente, un libro [6] molto istruttivo sul perdono scritto da Joe Vitale, dove si parla di un sistema tramandato dalla tradizione hawaiana «ho'oponopono», che letteralmente significa «correggere». Questo metodo così antico, ma così attuale, aiuta a purificarci dalle convinzioni, dai pensieri e dai ricordi più reconditi che, purtroppo, talvolta ci ingabbiano e di cui non siamo nemmeno consapevoli. Alcune parole da pronunciare nel nostro intimo a Dio possono, però, metterci in carreggiata: MI DISPIACE, TI PREGO PERDONAMI, GRAZIE, TI AMO.

* * *

È arrivato ora il momento di salutarci. Mi farà veramente piacere conoscere via e-mail i tuoi progressi, le tue esperienze o le tue osservazioni sulla *Pentacomunicazione*®.

In attesa di incontrarti in occasione di qualche seminario, mi congedo con questa significativa poesia.

Trova il tempo
Trova il tempo di riflettere: è la fonte della forza. *Trova il tempo di giocare: è il segreto della giovinezza.* *Trova il tempo di leggere: è la base del sapere.* *Trova il tempo di essere gentile: è la strada della felicità.* *Trova il tempo di sognare: è la strada che porta alle stelle.* *Trova il tempo di amare: è la vera gioia di vivere.* *Trova il tempo di essere contento: è la musica dell'anima.* (Ballata irlandese)

[1] Ciro Imparato, *La tua voce può cambiare la tua vita*, Sperling&Kupfer, Milano 2009.
[2] Se nel tuo lavoro hai trovato altre persone «difficili» che io non ho descritto, puoi raccontare le tue esperienze nel mio sito internet: www.massimopiovano.it.
[3] Sulla «cultura degli alibi» ti consiglio di vedere il seguente video che troverai su internet: http://www.youtube.com/watch?v=vk5Jg-mAeVY.
[4] Max Damioli, *Il libro del respiro*, Età dell'Acquario, Torino 2010.
[5] Don Miguel Ruiz, *I quattro accordi*, Il Punto d'Incontro, Vicenza 2007.
[6] Joe Vitale, *Zero Limits*, Il Punto d'Incontro, Vicenza 2009.

Le soluzioni

Vecchio o giovane? (p. 65)

In questa figura, il naso del «vecchietto» è il profilo del «giovane», mentre l'occhio del vecchietto è l'orecchio del «giovane». Il contorno della bocca del «vecchietto» è la collana che segna il collo del «giovane». Mentre il cappello e il giubbotto rimangono indifferenti per entrambi le figure.

Sfumato o a tinta unita? (p. 66)

Il segmento «a» è a tinta unita: per dimostrarlo dobbiamo isolare la cornice. Quello che inganna è proprio il suo sfondo che è sfumato, facendoci vedere il «segmento a» sfumato quando in realtà è a tinta unita.

a ⇨

a ⇨

La donna svestita (p. 67)

In realtà, la donna svestita non esiste, è solo il prodotto della nostra mente. Se, infatti, osservi con attenzione la figura, noterai che la donna osé è riprodotta dai contorni del gatto, della mensola, della tenda, dalla coppa di bicchiere e dal vaso sopra le mensola. Le calze sono poi stese fuori dalla finestra.

La pazza corsa dei due fantini (p. 76)

Il primo fantino è salito in groppa al cavallo dell'avversario. In questo modo il secondo fantino, che nel frattempo era montato sul cavallo dell'avversario, doveva per vincere la scommessa correre ancora più veloce dell'altro.

La parola nascosta (p. 78)

Per aiutarti a vedere la parola nascosta, può essere utile il seguente espediente grafico, ovvero scrivere la parola

«FLY» in bianco su sfondo nero. Tieni a mente, però, che nella figura di p. 78 sono solo indicati i contorni neri, ecco perché è un po' più difficile vedere la parola «FLY».

«L'arte di vedere la foresta là dove gli altri vedono solo un gran numero di alberi» (pp. 79-80)

Come puoi tu stesso vedere dalla soluzione che segue, i quadrati e i triangoli sono delle stesse dimensioni dell'esempio e i puntini sono stati tutti utilizzati. Il segreto per arrivare alla soluzione consisteva, innanzitutto, nel trovare prima il quadrato e poi i due triangoli equilateri.

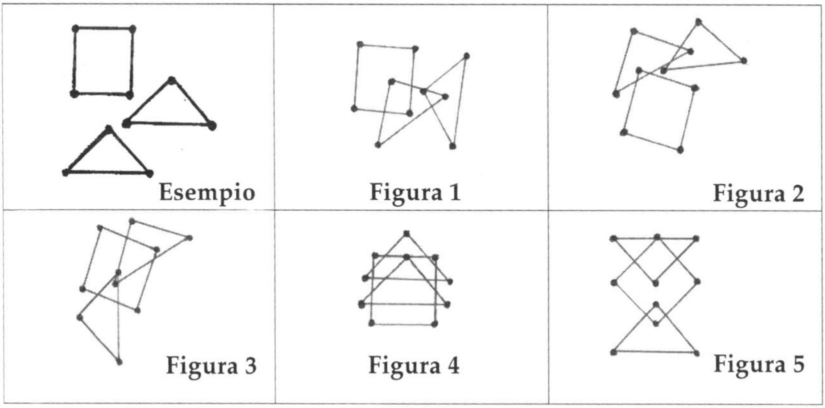

Test: che ascoltatore sei? (p. 107)

Se hai svolto il compito correttamente, dovresti ritrovarti nella colonna sopra con il tuo nome scritto in alto a destra.

Vai a osservare, infatti, la prima e l'ultima istruzione dell'esercitazione: prima di fare qualunque cosa, si doveva leggere l'intera esercitazione. E l'ultimo punto precisava che l'unica istruzione da eseguire era la numero 2.

Se così hai fatto, complimenti!

Se, invece, hai svolto tutti i punti, vuol dire che non sei un ascoltatore molto attento. Tendi a fare le cose con troppa precipitazione con conseguenze non sempre positive.

Bibliografia

BANDLER Richard, GRINDER John, *La struttura della magia*, Astrolabio, Roma 1981 (ed. or. 1975).

BANDLER Richard, *Usare il cervello per cambiare*, Astrolabio, Roma 1986 (ed. or. 1985).

BANDLER Richard, *Vivi la vita che desideri con la PNL*, Alessio Roberti, Urgnano 2009.

BERNE Eric, *A che gioco giochiamo?*, Bompiani, Milano 2008 (ed. or. 1967).

BRAMSON Robert, *Come comunicare anche con le persone difficili*, in «Self management», Somedia, Milano 1999.

BYRNE Rhonda, *The Secret*, Macro Edizioni, Cesena 2009.

CARNEGIE Dale, *Come trattare gli altri e farseli amici*, Bompiani, Milano 2009 (ed. or. 1986).

CIALDINI Robert, *Le armi della persuasione*, Giunti, Firenze 2010.

CHARVET Shelle Rose, *Le parole della mente*, Franco Angeli, Milano 2005.

COVEY Stephen R., *Le sette regole per avere successo*, Franco Angeli, Milano 2005.

CURINA CUCCHI Carla, GRASSI Maurizio, *Capire chi ci sta di fronte per comunicare e convincere*, De Vecchi, Firenze 2010.

DAMIOLI Max, *Il libro del respiro*, Età dell'Acquario, Torino 2010.

DE BONO Edward, *Creatività e pensiero laterale*, Bur, Milano 2007.

FRANKL Viktor E., *Lettere di un sopravvissuto. Ciò che mi ha salvato dal lager*, Rubbettino, Soveria Mannelli 2008.

GOLEMAN Daniel, *Lavorare con intelligenza emotiva*, Bur, Milano 2006.

GOLEMAN Daniel, *Intelligenza emotiva*, Rizzoli, Milano 2009.

IMPARATO Ciro, *La tua voce può cambiare la tua vita*, Sperling&Kupfer, Milano 2009.

LOSIER Michael J., *Come funziona la legge d'attrazione*, Sperling&Kupfer, Milano 2009.

MANDINO Og, *Il più grande venditore del mondo*, Gribaudi, Milano 2001 (ed. or. 1987).
NARDONE Giorgio, *Correggimi se sbaglio*, Ponte alle Grazie, Milano 2005.
PALUMBO Claudio, *Andare oltre*, Santa Croce, Parma 2006.
PEALE Norman V., *Come acquistare fiducia e avere successo*, Bompiani, Milano 2000.
PIOVANO Massimo, *Sviluppare il proprio carisma*, De Vecchi, Firenze 2010.
PIOVANO Massimo, *Rendere al massimo*, De Vecchi, Milano 2008.
PIOVANO Massimo, *La pentacomunicazione*, De Vecchi, Milano 2008.
PIROVANO Fabrizio, *La comunicazione persuasiva*, De Vecchi, Milano 2004.
PROVANA Roberto, *Apprendimento corsaro*, Anteprima, Torino 2009.
RE Roberto, *Smettila di incasinarti!*, Mondadori, Milano 2010.
ROBBINS Anthony, *Come migliorare il proprio stato mentale, fisico, finanziario*, Bompiani, Milano 2008 (ed. or. 1992).
RUIZ Miguel don, *I quattro accordi*, Il Punto d'Incontro, Vicenza 2007.
SENGE Peter, M., *La quinta disciplina*, Sperling&Kupfer, Milano 2006.
ROSEN Sidney, *I racconti didattici di Milton H. Erickson*, Astrolabio, Roma 1983.
SHIMOFF Marci, *Felici senza motivo*, Corbaccio, Milano 2009.
SCHULER Eric, *Le tecniche assertive*, Franco Angeli, Milano 2003.
STOREY Richard, *L'arte della comunicazione efficace e persuasiva*, De Vecchi, Milano 2009.
VITALE Joe, *Zero Limits*, Il Punto d'Incontro, Vicenza 2009.
WATZLAWICK Paul, BEAVIN Janet H., JACKSON Don D., *Pragmatica della comunicazione umana*, Astrolabio, Roma 1997 (ed. or. 1971).
WIESEL Elie, *La notte*, La Giuntina, Firenze 2010.
WISEMAN Richard, *Quirkology*, Ponte alle Grazie, Milano 2009.

Certificazione e corsi sulla Pentacomunicazione®

A chi intenda avvalersi dei servizi di ricerca, consulenza e formazione sulla *Pentacomunicazione®* raccomando di rivolgersi unicamente alle persone in possesso dell'appropriata attestazione di Trainer, rilasciata dal dottor Massimo Piovano, ideatore e creatore della *Pentacomunicazione®*. Le attestazioni rilasciate sono di quattro gradi: Attestato di frequenza, Master breve, Master avanzato e Trainer.

Informazioni

Per avere maggiori informazioni sulle mie attività di consulenza, ricerca e formazione volte a creare, amalgamare e potenziare squadre di successo o per avere informazioni sulla mia attività di conferenziere oppure per sapere le prossime date dei corsi potete contattarmi tramite:

– e-mail: piovanomassi@hotmail.com;
piovanomassi@libero.it;
– Tel.: 3478437989
www.massimopiovano.it
www.lapentacomunicazione.blogspot.com

Basta rodersi il fegato è anche un gruppo su facebook.

Indice

Finito di stampare
nel mese di settembre 2010
presso Grafiche del Liri s.r.l. - Isola del Liri (FR)
per conto di Lindau s.r.l. - Torino